AF185965

Nicht allein gelassen

*Eine Handreichung
zur Begleitung
von schwer kranken
und sterbenden
Menschen*

Deutsche Bibelgesellschaft

Beiträge von Angelika Daiker,
Ursula Lesny, Hermann Schäfer
Redaktion: Karin Jeromin
Illustrationen: Irmhild Reinker-Schlüter

ISBN 978-3-438-04406-8
© 1996 / 2016 Deutsche Bibelgesellschaft, Stuttgart

Bibeltexte:
Lutherbibel, revidiert 2017
© 2016 Deutsche Bibelgesellschaft, Stuttgart
Einheitsübersetzung der Heiligen Schrift, vollständig
durchgesehene und überarbeitete Ausgabe
© 2016 Katholische Bibelanstalt GmbH, Stuttgart
Gestaltung: Edgar Dambacher
Satz: Meyle + Müller GmbH + Co. KG, Pforzheim
Druck: Graspo CZ, Zlín

Angaben zur Produktsicherheit:
Deutsche Bibelgesellschaft, Balinger Str. 31A,
70567 Stuttgart, produktsicherheit@dbg.de

1.2025

Inhaltsverzeichnis

Vorwort

Die vorliegende Handreichung ist aus der Praxis von Menschen entstanden, die es zu ihrer Aufgabe gemacht haben, Schwerkranke und Sterbende zu begleiten. Die Mitarbeiterinnen und Mitarbeiter dieser »Sitzwachengruppe« in Pflegeheimen, Krankenhäusern und in den Familien orientieren sich dabei ganz bewusst an den Wünschen und Bedürfnissen der Menschen, die sie begleiten. Sie erleben immer wieder, dass sich manche in solchen Augenblicken aufschließen und nach dem Sinn und dem Ziel ihres Lebens fragen. Im Gespräch ergibt sich dann oft der Wunsch, dass gemeinsam ein Gebet gesprochen, ein Lied gesungen wird oder Worte aus der Bibel vorgelesen werden.

In solchen Situationen hat es sich bewährt, eine Auswahl von Gebeten, Bibelworten und Andachten zur Hand zu haben. So ist eine Handreichung entstanden, die wichtige und bewährte Texte ohne langes Blättern und Suchen bietet. Auch für die Begleitenden ist es hilfreich, in langen Nächten Worte zu haben, die man meditieren und bedenken kann; denn die Begleitung eines sterbenden Menschen geht nicht spurlos an uns vorüber.

Wichtig ist, sich mit dem Inhalt und den einzelnen Angeboten dieses Buchs schon zuvor so vertraut zu machen, dass darauf im Ernstfall schnell und unkompliziert zurückgegriffen werden kann.

Sterbebegleitung ist eine Aufgabe über Konfessionsgrenzen hinweg. Deshalb ist dieser Band in ökumenischer Zusammenarbeit entstanden und bietet Texte und Elemente aus dem Traditionsgut der evangelischen wie der katholischen Kirche. Die Bibeltexte sind aus der Lutherbibel und der Einheitsübersetzung der Heiligen Schrift entnommen. Biblische Texte bilden den Hauptteil der vorgeschlagenen Leseabschnitte. Sie können Menschen Hoffnung machen, auch wenn sie keine Erfahrung im Lesen und Meditieren der biblischen Botschaft haben.

Außerdem finden Sie wertvolle Hinweise für die Begleitung Schwerkranker und Sterbender. Bilder und Meditationen sollen auf diesen Dienst einstimmen und das Erlebte bewältigen helfen.

So kann dieses Büchlein zu einem wertvollen Begleiter für alle werden, die den letzten Weg mit anderen gehen wollen.

Angelika Daiker
Ursula Lesny
Hermann Schäfer

Im Buch verwendete Abkürzungen
L: Lutherbibel
E: Einheitsübersetzung
EG: Evangelisches Gesangbuch
GL: Gotteslob 2013
GL (1975): Gotteslob 1975

Zehn Merksätze
zur Begleitung Sterbender

1. Nähe spüren lassen

Sterbende erleben ihre Umwelt oft mehr über ihre Sinne als über Worte. Deswegen kommt es darauf an, zu sehen, zu hören, zu fühlen, zu berühren.

2. Aktiv zuhören

Versuchen Sie, einfühlsam und geduldig zuzuhören. Oft wird keine Antwort, sondern nur Zuhören von Ihnen erwartet. Es ist wichtig, auch Körpersignale und kleine Gesten zu beachten (Stimme, Mimik, Handbewegungen, Blickkontakt). Lassen Sie sich auf keinen Fall dazu verleiten, von den eigenen Erfahrungen zu sprechen! Halten Sie Ihre eigenen Vorstellungen und vor allem irgendwelche Ratschläge unbedingt zurück.

3. Achtung vor der Persönlichkeit

Wir respektieren die Persönlichkeit des Sterbenden. Selbst Angehörige können nicht alles über einen Menschen wissen. So wie der Mensch jetzt ist – in all seiner Hilflosigkeit und Schwäche –, ist er von Gott geliebt.

4. Gefühle zulassen

Gefühle gehören zu dieser Begleitung und haben ihr Recht. Auch Helferinnen und Helfer sollten sie bei sich wahrnehmen und gelten lassen. Es ist besser, sich einzugestehen: »Ich fühle mich ganz hilflos …«, als in hektische Betriebsamkeit zu verfallen.

5. Loslassen und freigeben

Sterbebegleiterinnen und Sterbebegleiter wissen, dass sie Abschied nehmen müssen. Nur bis zu einem gewissen Punkt ist die Begleitung möglich – den letzten Schritt geht jeder allein. Je stärker ein sterbender Mensch spürt, dass Angehörige oder andere Begleitpersonen ihn loslassen, desto leichter wird auch er es können.

6. Sich Zeit nehmen und Ruhe schaffen

Das Da-sein und Da-bleiben am Sterbebett erfordert Aufmerksamkeit und gesammelte Kraft. Alltagsgeschäfte und Nebenbeschäftigungen wie Handarbeit oder Lesen haben hier keinen Raum. Wer im Moment zu sehr mit eigenen Angelegenheiten belastet ist, überlegt sich, ob er oder sie jetzt den Dienst der Sterbebegleitung tun kann. Nur im ruhigen, gesammelten Dasein für den anderen liegt die eigentliche Kraft.

7. Für angemessene äußere Bedingungen sorgen

Das Sterbezimmer sollte aufgeräumt sein, wenn es irgend möglich ist. Vielleicht können Sie eine Rose oder eine Kerze so hinstellen, dass sie vom Krankenlager aus gut gesehen werden kann. Vermeiden Sie alle störenden Geräusche. Und bei Nacht gilt: keine grelle Lichtquelle! Achten Sie darauf, den Raum ein wenig zu erhellen – viele Sterbende wünschen Licht.

8. Körperliche Erleichterung verschaffen

Versuchen Sie, den kranken Menschen so gut wie möglich zu pflegen und seine Schmerzen zu lindern. Zu einer solchen Pflege gehören auch Mundpflege, ausreichend Flüssigkeitszufuhr und ähnliche Dinge. Mit Duftölen helfen Sie dem Sterbenden und sich selbst, zu entspannen und die Sinne anzuregen.

9. Wünsche erfüllen

Wenn der Sterbende es wünscht, veranlassen Sie, dass bestimmte Personen herbeigeholt werden, vielleicht auch der Gemeindepfarrer. Wenn der Sterbende damit vertraut ist, beten und singen Sie mit ihm und sprechen bekannte und liebgewordene

Texte. Wenn er damit nicht vertraut ist, fragen Sie ihn, ob er diesen Dienst wünscht. Jeder Mensch hat körperliche, seelische, geistige und religiöse Bedürfnisse – gerade auch im Sterben.

10. Die Botschaft wahrnehmen
Helferinnen und Helfer in der Sterbebegleitung werden an ihre eigene Sterblichkeit erinnert. Sie haben die Chance, das Sterben als Teil ihres Lebens zu begreifen.

ZEHN MERKSÄTZE

Wenn es so weit sein wird mit mir

Wenn es so weit sein wird mit mir,
brauche ich den Engel in dir.

Bleibe still neben mir in dem Raum,
jag den Spuk, der mich schreckt, aus dem Traum,
sing ein Lied vor dich hin, das ich mag,
und erzähle, was war manchen Tag.

Zünd ein Licht an, das Ängste verscheucht,
mach die trockenen Lippen mir feucht,
wisch mir Tränen und Schweiß vom Gesicht,
der Geruch des Verfalls schreck dich nicht.

Halt ihn fest, meinen Leib, der sich bäumt,
halte fest, was der Geist sich erträumt,
spür das Klopfen, das schwer in mir dröhnt,
nimm den Lebenshauch wahr, der verstöhnt.

Wenn es so weit sein wird mit mir,
brauche ich den Engel in dir.

Friedrich Karl Barth, Peter Horst

Auf dem Weg –
Meditation zur Einstimmung

Richte unsere Füße auf den Weg des Friedens.

Lukas 1,79 (L)

In wenigen Minuten muss ich gehen. Ob ich den Menschen kenne, den ich begleiten soll? Vielleicht bin ich ihm schon einmal begegnet. Vielleicht ist er mir sogar sehr vertraut. Vielleicht ist er mir aber auch ganz fremd, und ich habe gerade erst seinen Namen erfahren.

Ich setze mich in meine Lieblingsecke in der Wohnung, zünde eine Kerze an und schließe die Augen. Was erwartet mich? Kann ich mit dem Menschen reden? Wird er mich verstehen? Werde ich ihn verstehen? Ist er überhaupt ansprechbar? Hat er Schmerzen? Habe ich Kraft genug, mich auf den gemeinsamen Weg einzulassen?

Es ist mir nicht leicht ums Herz. Werde ich die richtigen Worte finden? Spüre ich, was er braucht; spüre ich, was ich tun soll, wenn er etwas von mir will?

Ich kann nichts weiter tun als die Herausforderung annehmen, hingehen und darauf vertrauen, dass ich im richtigen Augenblick das Rechte sagen und tun kann. Ich weiß, dass ich nicht allein gehe. Gott begleitet mich auf diesem Weg. Ich bin nicht allein gelassen.

Dietrich Bonhoeffer hat gesagt:
> Ich glaube, dass Gott uns in jeder Notlage
> so viel Widerstandskraft geben will,
> wie wir brauchen.
> Aber er gibt sie nicht im Voraus,
> damit wir uns nicht auf uns selbst,
> sondern allein auf ihn verlassen.

Ich bete still für mich:
> Wache du, Herr, mit denen,
> die wachen oder weinen in dieser Nacht.
> Hüte deine Kranken,
> lass deine Müden ruh'n,
> segne deine Sterbenden,
> tröste deine Leidenden,
> erbarme dich deiner Betrübten
> und sei mit deinen Fröhlichen.

Aurelius Augustinus

Dann stehe ich auf, lösche meine Kerze, gehe in die Küche und trinke einen Schluck Wasser, ehe ich mich auf den Weg mache. Ich nehme meine Tasche mit den Dingen, die ich brauchen werde: mein Vorlesebuch »Nicht allein gelassen«, die Bibel, das Gesangbuch, mindestens zwei Päckchen Papiertaschentücher, eine Kerze, eine Duftlampe und wohlriechendes Duftöl, dazu Streichhölzer.

Morgen werde ich ein Stück weiter sein.

> Schläft ein Lied in allen Dingen,
> die da träumen fort und fort.
> Und die Welt hebt an zu singen,
> triffst du nur das Zauberwort.
>
> *Joseph von Eichendorff*

Vorlesetexte aus der Bibel

Im Folgenden finden Sie eine Zusammenstellung von hilfreichen Texten und Worten aus der Bibel, die nach Themen geordnet sind. Besonders die Psalmtexte sind ein Gebetsangebot und können auch gemeinsam von den Betroffenen und ihren Begleitern gesprochen werden. Die kurzen Bibelworte eignen sich zur häufigen Wiederholung: So können sie immer wieder meditiert und verinnerlicht werden. Grundsätzlich gilt: Wer die Texte schwer kranken oder sterbenden Menschen vorlesen möchte, sollte sich zunächst selbst mit dem Inhalt vertraut machen. Das erleichtert die Auswahl, und wir können so vielleicht am ehesten Trost und Hilfe geben. Sie finden Texte zu folgenden Themen:

Trostworte aus den Psalmen

Der gute Hirte

Der Herr ist mein Hirte,
mir wird nichts mangeln.
Er weidet mich auf einer grünen Aue
und führet mich zum frischen Wasser.
Er erquicket meine Seele.
Er führet mich auf rechter Straße
um seines Namens willen.
Und ob ich schon wanderte im finstern Tal,
fürchte ich kein Unglück;
denn du bist bei mir,
dein Stecken und Stab trösten mich.
Du bereitest vor mir einen Tisch
im Angesicht meiner Feinde.
Du salbest mein Haupt mit Öl
und schenkest mir voll ein.
Gutes und Barmherzigkeit werden mir folgen
mein Leben lang, und ich werde bleiben
im Hause des Herrn immerdar.

Psalm 23 (L)

Der Herr ist mein Hirt,
nichts wird mir fehlen.
Er lässt mich lagern auf grünen Auen
und führt mich zum Ruheplatz am Wasser.
Meine Lebenskraft bringt er zurück.
Er führt mich auf Pfaden der Gerechtigkeit,
getreu seinem Namen.
Auch wenn ich gehe im finsteren Tal,
ich fürchte kein Unheil;
denn du bist bei mir,
dein Stock und dein Stab, sie trösten mich.
Du deckst mir den Tisch
vor den Augen meiner Feinde.
Du hast mein Haupt mit Öl gesalbt,
übervoll ist mein Becher.
Ja, Güte und Huld werden mir folgen
mein Leben lang
und heimkehren werde ich ins Haus
des Herrn für lange Zeiten.   *Psalm 23 (E)*

Ein feste Burg ist unser Gott

Gott ist unsre Zuversicht und Stärke,
eine Hilfe in den großen Nöten,
die uns getroffen haben.

Darum fürchten wir uns nicht,
wenngleich die Welt unterginge
und die Berge mitten ins Meer sänken,
wenngleich das Meer wütete und wallte
und von seinem Ungestüm die Berge einfielen.
Dennoch soll die Stadt Gottes fein lustig bleiben
mit ihren Brünnlein,
da die heiligen Wohnungen des Höchsten sind.
Gott ist bei ihr drinnen,
darum wird sie fest bleiben;
Gott hilft ihr früh am Morgen.
Der Herr Zebaoth ist mit uns,
der Gott Jakobs ist unser Schutz.   *Aus Psalm 46 (L)*

Gott ist mein Halt

Dennoch bleibe ich stets an dir;
denn du hältst mich bei meiner rechten Hand,
du leitest mich nach deinem Rat
und nimmst mich am Ende mit Ehren an.
Wenn ich nur dich habe,
so frage ich nichts nach Himmel und Erde.
Wenn mir gleich Leib und Seele verschmachtet,
so bist du doch, Gott,
allezeit meines Herzens Trost und mein Teil.

Das ist meine Freude,
dass ich mich zu Gott halte
und meine Zuversicht setze auf Gott den Herrn,
dass ich verkündige all dein Tun.

Aus Psalm 73 (L)

Unter Gottes Schutz

Wer unter dem Schirm des Höchsten sitzt
und unter dem Schatten des Allmächtigen bleibt,
der spricht zu dem Herrn:
»Meine Zuversicht und meine Burg,
mein Gott, auf den ich hoffe.«

Er wird dich mit seinen Fittichen decken,
und Zuflucht wirst du haben unter seinen Flügeln.
Seine Wahrheit ist Schirm und Schild,
dass du nicht erschrecken musst
vor dem Grauen der Nacht.
Denn der Herr ist deine Zuversicht,
der Höchste ist deine Zuflucht.

Aus Psalm 91 (L)

Das Hohelied der Barmherzigkeit Gottes

Lobe den Herrn, meine Seele,
und was in mir ist, seinen heiligen Namen!
Lobe den Herrn, meine Seele,
und vergiss nicht, was er dir Gutes getan hat:
der dir alle deine Sünde vergibt
und heilet alle deine Gebrechen,
der dein Leben vom Verderben erlöst,
der dich krönet mit Gnade und Barmherzigkeit.
Barmherzig und gnädig ist der Herr,
geduldig und von großer Güte.

Er handelt nicht mit uns nach unsern Sünden
und vergilt uns nicht nach unsrer Missetat.
Denn so hoch der Himmel über der Erde ist,
lässt er seine Gnade walten über denen,
die ihn fürchten.

So fern der Morgen ist vom Abend,
lässt er unsre Übertretungen von uns sein.
Wie sich ein Vater über Kinder erbarmt,
so erbarmt sich der Herr über die,
die ihn fürchten.

Denn er weiß, was für ein Gebilde wir sind;
er gedenkt daran, dass wir Staub sind.
Die Gnade aber des Herrn währt von Ewigkeit
zu Ewigkeit über denen, die ihn fürchten.

Aus Psalm 103 (L)

Der treue Menschenhüter

Ich hebe meine Augen auf zu den Bergen.
Woher kommt mir Hilfe?
Meine Hilfe kommt vom Herrn,
der Himmel und Erde gemacht hat.
Er wird deinen Fuß nicht gleiten lassen,
und der dich behütet, schläft nicht.
Siehe, der Hüter Israels
schläft noch schlummert nicht.
Der Herr behütet dich;
der Herr ist dein Schatten
über deiner rechten Hand,
dass dich des Tages die Sonne nicht steche
noch der Mond des Nachts.
Der Herr behüte dich vor allem Übel,
er behüte deine Seele.
Der Herr behüte deinen Ausgang und Eingang
von nun an bis in Ewigkeit!

Psalm 121 (L)

Gott befreit

Wenn der Herr die Gefangenen Zions erlösen wird,
so werden wir sein wie die Träumenden.
Dann wird unser Mund voll Lachens
und unsre Zunge voll Rühmens sein.
Der Herr hat Großes an uns getan;
des sind wir fröhlich.

Die mit Tränen säen,
werden mit Freuden ernten.
Sie gehen hin und weinen
und tragen guten Samen
und kommen mit Freuden
und bringen ihre Garben.

Aus Psalm 126 (L)

Trostworte aus den Büchern der Propheten

Zum Verständnis des Zusammenhangs ist zu beachten: Die folgenden Prophetenworte sprechen den Israeliten Gottes Beistand und seinen Trost zu in der schwierigen Zeit des Exils in Babylonien. Damit wenden sie sich in erster Linie an das gesamte Volk. In der Zugehörigkeit zu Gottes Volk und seinen Kindern kann sich dann jede, jeder Einzelne angesprochen fühlen.

Siehe, Gott ist mein Heil,
ich bin sicher und fürchte mich nicht;
denn Gott der Herr ist meine Stärke
und mein Psalm
und ist mein Heil.
Ihr werdet mit Freuden Wasser schöpfen
aus den Brunnen des Heils.

Jesaja 12,2-3 (L)

Fürchte dich nicht,
denn ich habe dich erlöst;
ich habe dich bei deinem Namen gerufen;
du bist mein!

Jesaja 43,1 (L)

Auch bis in euer Alter bin ich derselbe, und ich will
euch tragen, bis ihr grau werdet.
Ich habe es getan;
ich will heben und tragen und erretten.

Jesaja 46,4 (L)

»Es sollen wohl Berge weichen und Hügel hinfallen,
aber meine Gnade soll nicht von dir weichen,
und der Bund meines Friedens soll nicht hinfallen«,
spricht der Herr, dein Erbarmer.   *Jesaja 54,10 (L)*

»Ich weiß wohl, was ich für Gedanken
über euch habe«, spricht der Herr:
»Gedanken des Friedens und nicht des Leides,
dass ich euch gebe Zukunft und Hoffnung.
Und ihr werdet mich anrufen
und hingehen und mich bitten,
und ich will euch erhören.
Ihr werdet mich suchen und finden;
denn wenn ihr mich von ganzem Herzen
suchen werdet,
so will ich mich von euch finden lassen.«

Jeremia 29,11-14 (L)

Trostworte Jesu

Kommt her zu mir

Kommt her zu mir,
alle, die ihr mühselig und beladen seid;
ich will euch erquicken.
Nehmt auf euch mein Joch und lernt von mir;
denn ich bin sanftmütig und von Herzen demütig;
so werdet ihr Ruhe finden für eure Seelen.
Denn mein Joch ist sanft und meine Last ist leicht.

Matthäus 11,28-30 (L)

Siehe, ich bin bei euch alle Tage
bis an der Welt Ende.

Aus Matthäus 28,20 (L)

Christus spricht:
»Ich bin das Licht der Welt.
Wer mir nachfolgt,
der wird nicht wandeln in der Finsternis,
sondern wird das Licht des Lebens haben.«

Johannes 8,12 (L)

Christus spricht:
»Ich bin die Auferstehung und das Leben.
Wer an mich glaubt,
der wird leben, ob er gleich stürbe;
und wer da lebt und glaubt an mich,
der wird nimmermehr sterben.«

Johannes 11,25-26 (L)

Trostworte aus den Apostelbriefen

Paulus schreibt:
»Ich bin gewiss, dass weder Tod noch Leben,
weder Engel noch Mächte noch Gewalten,
weder Gegenwärtiges noch Zukünftiges,
weder Hohes noch Tiefes noch irgendeine andere
Kreatur uns scheiden kann von der Liebe Gottes,
die in Christus Jesus ist, unserm Herrn.«

Römer 8,38-39 (L)

Wir sehen jetzt durch einen Spiegel in einem
dunklen Bild;
dann aber von Angesicht zu Angesicht.
Jetzt erkenne ich stückweise;
dann aber werde ich erkennen, gleichwie ich erkannt bin.
Nun aber bleiben Glaube, Hoffnung, Liebe,
diese drei;
aber die Liebe ist die größte unter ihnen.

1. Korinther 13,12-13 (L)

Alle eure Sorge werft auf ihn;
denn er sorgt für euch.

1. Petrus 5,7 (L)

Trostworte aus der Offenbarung

Christus spricht:
»Fürchte dich nicht!
Ich bin der Erste und der Letzte und der Lebendige.
Ich war tot, und siehe, ich bin lebendig
von Ewigkeit zu Ewigkeit
und habe die Schlüssel des Todes und der Hölle.«

Offenbarung 1,17-18 (L)

Das neue Jerusalem

Und ich sah einen neuen Himmel
und eine neue Erde;
denn der erste Himmel und die erste Erde sind
vergangen, und das Meer ist nicht mehr.
Und ich sah die heilige Stadt, das neue Jerusalem,
von Gott aus dem Himmel herabkommen,
bereitet wie eine geschmückte Braut für ihren Mann.

Und ich hörte eine große Stimme
von dem Thron her, die sprach:
»Siehe da, die Hütte Gottes bei den Menschen!
Und er wird bei ihnen wohnen,
und sie werden seine Völker sein,
und er selbst, Gott mit ihnen, wird ihr Gott sein;

und Gott wird abwischen alle Tränen von ihren Augen,
und der Tod wird nicht mehr sein,
noch Leid noch Geschrei noch Schmerz
wird mehr sein,
denn das Erste ist vergangen.«
Und der auf dem Thron saß sprach:
»Siehe, ich mache alles neu!«

Und er sprach zu mir:
»Es ist geschehen.
Ich bin das A und das O, der Anfang und das Ende.
Ich will dem Durstigen geben
von der Quelle des lebendigen Wassers umsonst.
Wer überwindet, der wird dies ererben,
und ich werde sein Gott sein
und er wird mein Sohn sein.«

Aus Offenbarung 21,1-7 (L)

Die Bitte um Beistand

Erhöre mich, wenn ich rufe,
Gott meiner Gerechtigkeit,
der du mich tröstest in Angst;
sei mir gnädig und erhöre mein Gebet!

Psalm 4,2 (L)

Wende dich zu mir und sei mir gnädig;
denn ich bin einsam und elend.
Die Angst meines Herzens ist groß;
führe mich aus meinen Nöten!
Sieh an meinen Jammer und mein Elend
und vergib mir alle meine Sünden!
Bewahre meine Seele und errette mich;
lass mich nicht zuschanden werden,
denn ich traue auf dich! *Psalm 25,16-18.20 (L)*

Hoffe auf den Herrn

Der Herr ist mein Licht und mein Heil:
Vor wem sollte ich mich fürchten?
Der Herr ist die Zuflucht meines Lebens:
Vor wem sollte mir bangen?
Eines habe ich vom Herrn erfragt,

dieses erbitte ich:
im Haus des Herrn zu wohnen
alle Tage meines Lebens;
die Freundlichkeit des Herrn zu schauen
und nachzusinnen in seinem Tempel.

Aus Psalm 27 (E)

In Gottes Händen geborgen

Herr, auf dich traue ich,
lass mich nimmermehr zuschanden werden,
errette mich durch deine Gerechtigkeit!
Neige deine Ohren zu mir, hilf mir eilends!
Sei mir ein starker Fels und eine Burg,
dass du mir helfest!
Denn du bist mein Fels und meine Burg,
und um deines Namens willen
wollest du mich leiten und führen.
In deine Hände befehle ich meinen Geist;
du hast mich erlöst, Herr, du treuer Gott.

Ich freue mich und bin fröhlich über deine Güte,
dass du mein Elend ansiehst
und kennst die Not meiner Seele;
du stellst meine Füße auf weiten Raum.

Herr, sei mir gnädig, denn mir ist angst!
Mein Auge ist trübe geworden vor Gram,
matt meine Seele und mein Leib.
Ich aber, Herr, hoffe auf dich
und spreche: »Du bist mein Gott!

Meine Zeit steht in deinen Händen.
Lass leuchten dein Antlitz über deinem Knecht;
hilf mir durch deine Güte!
Wie groß ist deine Güte, Herr,
die du bewahrt hast denen, die dich fürchten,
und erweisest vor den Menschen
denen, die auf dich trauen!«
Ich sprach wohl in meinem Zagen:
»Ich bin von deinen Augen verstoßen.«
Doch du hörtest die Stimme meines Flehens,
als ich zu dir schrie.
Seid getrost und unverzagt alle,
die ihr des Herrn harret!   *Aus Psalm 31 (L)*

Sehnsucht nach Gott

Wie der Hirsch lechzt nach frischem Wasser,
so lechzt meine Seele, nach dir, Gott.
Meine Seele dürstet nach Gott,

nach dem lebendigen Gott.
Wann darf ich kommen
und erscheinen vor Gottes Angesicht?
Was bist du bedrückt, meine Seele,
und was ächzt du in mir?
Harre auf Gott; denn ich werde ihm noch danken
für die Rettung in seinem Angesicht.

Aus Psalm 42 (E)

Aus tiefer Not

Aus der Tiefe rufe ich, Herr, zu dir.
Herr, höre meine Stimme!
Lass deine Ohren merken auf die Stimme
meines Flehens!
Wenn du, Herr, Sünden anrechnen willst –
Herr, wer wird bestehen?
Denn bei dir ist die Vergebung,
dass man dich fürchte.
Ich harre des Herrn, meine Seele harret,
und ich hoffe auf sein Wort.
Meine Seele wartet auf den Herrn
mehr als die Wächter auf den Morgen;
mehr als die Wächter auf den Morgen
hoffe Israel auf den Herrn!

Psalm 130 (L)

Jesus betet in Gethsemane

Da kam Jesus mit den Jüngern zu einem Garten, der hieß Gethsemane, und sprach zu ihnen: »Setzt euch hierher, solange ich dorthin gehe und bete.« Und er nahm mit sich Petrus und die zwei Söhne des Zebedäus und fing an zu trauern und zu zagen. Da sprach Jesus zu ihnen: »Meine Seele ist betrübt bis an den Tod; bleibt hier und wacht mit mir!« Und er ging ein wenig weiter, fiel nieder auf sein Angesicht und betete und sprach: »Mein Vater, ist's möglich, so gehe dieser Kelch an mir vorüber; doch nicht, wie ich will, sondern wie du willst.«

Und er kam zu seinen Jüngern und fand sie schlafend und sprach zu Petrus: »Könnt ihr denn nicht eine Stunde mit mir wachen? Wachet und betet, dass ihr nicht in Anfechtung fallt! Der Geist ist willig; aber das Fleisch ist schwach.« Zum zweiten Mal ging er wieder hin, betete und sprach: »Mein Vater, ist's nicht möglich, dass dieser Kelch vorübergehe, ohne dass ich ihn trinke, so geschehe dein Wille!«

Die Bitte um Beistand

Und er kam und fand sie abermals schlafend, und ihre Augen waren voller Schlaf. Und er ließ sie und ging wieder hin und betete zum dritten Mal und redete abermals dieselben Worte. Dann kam er zu seinen Jüngern und sprach zu ihnen: »Ach, wollt ihr weiter schlafen und ruhen? Siehe, die Stunde ist da, dass der Menschensohn in die Hände der Sünder überantwortet wird.«

Matthäus 26,36-45 (L)

Die Frage nach dem Ziel des Lebens

Bittruf angesichts der Vergänglichkeit

Mein Herz ist entbrannt in meinem Leibe;
wenn ich seufze, brennt es wie Feuer.
So rede ich denn mit meiner Zunge:
»Herr, lehre mich doch,
dass es ein Ende mit mir haben muss
und mein Leben ein Ziel hat
und ich davon muss.
Siehe, meine Tage sind eine Handbreit bei dir,
und mein Leben ist wie nichts vor dir.
Ach, wie gar nichts sind alle Menschen,
die doch so sicher leben!
Sie gehen daher wie ein Schatten
und machen sich viel vergebliche Unruhe;
sie sammeln und wissen nicht, wer es kriegen wird.«
Nun, Herr, wes soll ich mich trösten?
Ich hoffe auf dich.   *Aus Psalm 39 (L)*

Sehnsucht nach Gott

Gott, du bist mein Gott, den ich suche.
Es dürstet meine Seele nach dir,

mein ganzer Leib verlangt nach dir
aus trockenem, dürrem Land, wo kein Wasser ist.
So schaue ich aus nach dir in deinem Heiligtum,
wollte gerne sehen deine Macht und Herrlichkeit.
Denn deine Güte ist besser als Leben;
meine Lippen preisen dich.
So will ich dich loben mein Leben lang
und meine Hände in deinem Namen aufheben.

Das ist meines Herzens Freude und Wonne,
wenn ich dich mit fröhlichem Munde loben kann;
wenn ich mich zu Bette lege, so denke ich an dich,
wenn ich wach liege, sinne ich über dich nach.
Denn du bist mein Helfer,
und unter dem Schatten deiner Flügel frohlocke ich.
Meine Seele hängt an dir;
deine rechte Hand hält mich.   *Aus Psalm 63 (L)*

Woher kommt mir Trost?

Ich rufe zu Gott, ich schreie,
ich rufe zu Gott, dass er mich hört.
Am Tag meiner Not suchte ich den Herrn;
unablässig erhob ich nachts meine Hände,
meine Seele ließ sich nicht trösten.

Denke ich an Gott, muss ich seufzen;
sinne ich nach, dann will mein Geist verzagen.

Offen gehalten hast du die Lider meiner Augen;
ich war aufgewühlt und konnte nicht reden.
Ich sann nach über die Tage der Vorzeit,
über längst vergangene Jahre.
Ich denke an mein Saitenspiel,
während der Nacht
sinne ich nach in meinem Herzen.

Da sagte ich: »Das ist mein Schmerz,
dass die Rechte des Höchsten so anders handelt?«
Ich denke an die Taten des Herrn,
ja, ich will denken an deine früheren Wunder.
Ich erwäge all deine Taten
und will nachsinnen über dein Tun.
Gott, dein Weg ist heilig.
Welche Gottheit ist groß wie Gott?

Aus Psalm 77 (E)

Gott der Allwissende und Allgegenwärtige

Herr, du erforschest mich und kennest mich.
Ich sitze oder stehe auf, so weißt du es;

du verstehst meine Gedanken von ferne.
Ich gehe oder liege, so bist du um mich
und siehst alle meine Wege.
Denn siehe, es ist kein Wort auf meiner Zunge,
das du, Herr, nicht schon wüsstest.
Von allen Seiten umgibst du mich
und hältst deine Hand über mir. *Aus Psalm 139 (L)*

Alles hat seine Zeit

Ein jegliches hat seine Zeit, und alles Vorhaben
unter dem Himmel hat seine Stunde:
Geboren werden hat seine Zeit,
sterben hat seine Zeit;
pflanzen hat seine Zeit,
ausreißen, was gepflanzt ist, hat seine Zeit;
abbrechen hat seine Zeit, bauen hat seine Zeit;
weinen hat seine Zeit, lachen hat seine Zeit;
klagen hat seine Zeit, tanzen hat seine Zeit;
Steine wegwerfen hat seine Zeit,
Steine sammeln hat seine Zeit;
herzen hat seine Zeit,
aufhören zu herzen hat seine Zeit;
suchen hat seine Zeit, verlieren hat seine Zeit;
behalten hat seine Zeit, wegwerfen hat seine Zeit;

zerreißen hat seine Zeit, zunähen hat seine Zeit;
schweigen hat seine Zeit, reden hat seine Zeit;
lieben hat seine Zeit, hassen hat seine Zeit;
Streit hat seine Zeit, Friede hat seine Zeit.

Man mühe sich ab, wie man will, so hat man
keinen Gewinn davon. Ich sah die Arbeit, die Gott
den Menschen gegeben hat, dass sie sich damit
plagen. Er hat alles schön gemacht zu seiner Zeit,
auch hat er die Ewigkeit in ihr Herz gelegt; nur
dass der Mensch nicht ergründen kann das Werk,
das Gott tut, weder Anfang noch Ende.

Aus Prediger/Kohelet 3,1-11 (L)

Gottes wunderbarer Weg

»Meine Gedanken sind nicht eure Gedanken, und
eure Wege sind nicht meine Wege«, spricht der
Herr, »sondern so viel der Himmel höher ist als die
Erde, so sind auch meine Wege höher als eure
Wege und meine Gedanken als eure Gedanken.
Denn gleichwie der Regen und Schnee vom
Himmel fällt und nicht wieder dahin zurückkehrt,
sondern feuchtet die Erde und macht sie fruchtbar

und lässt wachsen, dass sie gibt Samen zu säen
und Brot, zu essen, so soll das Wort, das aus
meinem Munde geht, auch sein: Es wird nicht
wieder leer zu mir zurückkommen, sondern wird
tun, was mir gefällt, und ihm wird gelingen,
wozu ich es sende.«   *Jesaja 55,8-11 (L)*

Also hat Gott die Welt geliebt,
dass er seinen eingeborenen Sohn gab,
damit alle, die an ihn glauben,
nicht verloren werden,
sondern das ewige Leben haben.   *Johannes 3,16 (L)*

Denn keiner von uns lebt sich selber
und keiner stirbt sich selber:
Leben wir, so leben wir dem Herrn,
sterben wir, so sterben wir dem Herrn.
Ob wir leben oder ob wir sterben,
wir gehören dem Herrn.
Denn Christus ist gestorben
und lebendig geworden,
um Herr zu sein über Tote und Lebende.
                        Römer 14,7-9 (E)

Die Hoffnung in Leben und Sterben

Zuflucht in unserer Vergänglichkeit

Herr, du bist unsre Zuflucht für und für.
Ehe denn die Berge wurden
und die Erde und die Welt geschaffen wurden,
bist du, Gott, von Ewigkeit zu Ewigkeit.
Der du die Menschen lässest sterben und sprichst:
Kommt wieder, Menschenkinder!
Denn tausend Jahre sind vor dir wie der Tag,
der gestern vergangen ist,
und wie eine Nachtwache.
Du lässest sie dahinfahren wie einen Strom,
sie sind wie ein Schlaf, wie ein Gras,
das am Morgen noch sprosst,
das am Morgen blüht und sprosst
und des Abends welkt und verdorrt.

Unser Leben währet siebzig Jahre,
und wenn's hoch kommt,
so sind's achtzig Jahre,
und was daran köstlich scheint,
ist doch nur vergebliche Mühe;

denn es fähret schnell dahin,
als flögen wir davon.
Lehre uns bedenken, dass wir sterben müssen,
auf dass wir klug werden. *Aus Psalm 90 (L)*

Der Tod des Mose

Mose stieg aus den Steppen von Moab hinauf auf
den Nebo, den Gipfel des Pisga gegenüber Jericho,
und der Herr zeigte ihm das ganze Land. Er zeigte
ihm Gilead bis nach Dan hin, ganz Naftali, das Ge-
biet von Efraim und Manasse, ganz Juda bis zum
Mittelmeer, den Negeb und die Jordangegend, den
Talgraben von Jericho, der Palmenstadt, bis Zoar.
Der Herr sagte zu ihm: »Das ist das Land, das ich
Abraham, Isaak und Jakob versprochen habe mit
dem Schwur: ›Deinen Nachkommen werde
ich es geben.‹ Ich habe es dich mit deinen Augen
schauen lassen. Hinüberziehen wirst du nicht.«
Danach starb Mose, der Knecht des Herrn, dort in
Moab, wie es der Herr bestimmt hatte. Man begrub
ihn im Tal, in Moab, gegenüber Bet-Pegor. Bis heute
kennt niemand sein Grab.

5. Mose/Deuteronomium 34,1-6 (E)

Elia und der Engel

Elia ging hin in die Wüste eine Tagereise weit und kam und setzte sich unter einen Ginster und wünschte sich zu sterben und sprach: »Es ist genug, so nimm nun, Herr, meine Seele; ich bin nicht besser als meine Väter.«
Und er legte sich hin und schlief unter dem Ginster. Und siehe, ein Engel rührte ihn an und sprach zu ihm: »Steh auf und iss!« Und er sah sich um, und siehe, zu seinen Häupten lag ein geröstetes Brot und ein Krug mit Wasser. Und als er gegessen und getrunken hatte, legte er sich wieder schlafen. Und der Engel des Herrn kam zum zweiten Mal wieder und rührte ihn an und sprach: »Steh auf und iss! Denn du hast einen weiten Weg vor dir.« Und er stand auf und aß und trank und ging durch die Kraft der Speise vierzig Tage und vierzig Nächte zum Berg Gottes, dem Horeb.

1. Könige 19,4-8 (L)

Christus – unser Erlöser

Der Messias und sein Friedensreich

Doch aus dem Baumstumpf Isais wächst ein Reis hervor,
ein junger Trieb aus seinen Wurzeln bringt Frucht.
Der Geist des Herrn ruht auf ihm:
der Geist der Weisheit und der Einsicht,
der Geist des Rates und der Stärke,
der Geist der Erkenntnis und der Furcht des Herrn.
Und er hat sein Wohlgefallen an der Furcht des Herrn.

Er richtet nicht nach dem Augenschein
und nach dem Hörensagen entscheidet er nicht,
sondern er richtet die Geringen in Gerechtigkeit und
entscheidet für die Armen des Landes, wie es recht ist.
Gerechtigkeit ist der Gürtel um seine Hüften
und die Treue der Gürtel um seine Lenden.

Der Wolf findet Schutz beim Lamm,
der Panther liegt beim Böcklein.
Kalb und Löwe weiden zusammen,
ein kleiner Junge leitet sie.
Kuh und Bärin nähren sich zusammen,
ihre Jungen liegen beieinander.

Der Löwe frisst Stroh wie das Rind.
Der Säugling spielt vor dem Schlupfloch der Natter
und zur Höhle der Schlange streckt das Kind
seine Hand aus.   *Aus Jesaja 11,1-8 (E)*

Das Wort ward Fleisch

Im Anfang war das Wort,
und das Wort war bei Gott,
und Gott war das Wort.
Dasselbe war im Anfang bei Gott.
Alle Dinge sind durch dasselbe gemacht,
und ohne dasselbe ist nichts gemacht,
was gemacht ist.
In ihm war das Leben,
und das Leben war das Licht der Menschen.
Und das Licht scheint in der Finsternis,
und die Finsternis hat's nicht ergriffen.
Das war das wahre Licht,
das alle Menschen erleuchtet,
die in diese Welt kommen.
Und das Wort ward Fleisch
und wohnte unter uns,
und wir sahen seine Herrlichkeit, eine Herrlichkeit
als des eingeborenen Sohnes vom Vater,

voller Gnade und Wahrheit.
Von seiner Fülle
haben wir alle genommen
Gnade um Gnade. *Aus Johannes 1,1-16 (L)*

Der gute Hirte

Christus spricht: »Ich bin der gute Hirte. Der gute Hirte lässt sein Leben für die Schafe. Meine Schafe hören meine Stimme, und ich kenne sie und sie folgen mir; und ich gebe ihnen das ewige Leben, und sie werden nimmermehr umkommen, und niemand wird sie aus meiner Hand reißen. Was mir mein Vater gegeben hat, ist größer als alles, und niemand kann es aus des Vaters Hand reißen. Ich und der Vater sind eins.«

Aus Johannes 10,11.27-30 (L)

Das Wort vom Weizenkorn

Christus spricht: »Wahrlich, wahrlich, ich sage euch: Wenn das Weizenkorn nicht in die Erde fällt und erstirbt, bleibt es allein; wenn es aber erstirbt, bringt es viel Frucht.« *Johannes 12,24 (L)*

Der Weg zum Vater

Jesus spricht zu seinen Jüngern: »Euer Herz erschrecke nicht! Glaubt an Gott und glaubt an mich! In meines Vaters Hause sind viele Wohnungen. Wenn's nicht so wäre, hätte ich dann zu euch gesagt: Ich gehe hin, euch die Stätte zu bereiten? Und wenn ich hingehe, euch die Stätte zu bereiten, will ich wiederkommen und euch zu mir nehmen, auf dass auch ihr seid, wo ich bin. Und wo ich hingehe, dahin wisst ihr den Weg.«

Spricht zu ihm Thomas: »Herr, wir wissen nicht, wo du hingehst; wie können wir den Weg wissen?« Jesus spricht zu ihm: »Ich bin der Weg und die Wahrheit und das Leben; niemand kommt zum Vater denn durch mich. Wer mich liebt, der wird mein Wort halten; und mein Vater wird ihn lieben, und wir werden zu ihm kommen und Wohnung bei ihm nehmen.

Frieden lasse ich euch, meinen Frieden gebe ich euch. Nicht gebe ich euch, wie die Welt gibt. Euer Herz erschrecke nicht und fürchte sich nicht.«

Johannes 14,1-6.23.27 (L)

TEXTE ZUM VORLESEN

Christus spricht: »In der Welt habt ihr Angst; aber seid getrost, ich habe die Welt überwunden.«

Johannes 16,33 (L)

Vertrauen zum lebendigen Gott

Die Stillung des Sturms

Am Abend dieses Tages sagte er zu ihnen:
»Wir wollen ans andere Ufer hinüberfahren.«
Sie schickten die Leute fort und fuhren mit ihm in
dem Boot, in dem er saß, weg; und andere Boote
begleiteten ihn. Plötzlich erhob sich ein heftiger
Wirbelsturm und die Wellen schlugen in das Boot,
sodass es sich mit Wasser zu füllen begann.
Er aber lag hinten im Boot auf einem Kissen und
schlief. Sie weckten ihn und riefen: »Meister,
kümmert es dich nicht, dass wir zugrunde gehen?«
Da stand er auf, drohte dem Wind und sagte zu
dem See: »Schweig, sei still!« Und der Wind legte
sich und es trat völlige Stille ein. Er sagte zu ihnen:
»Warum habt ihr solche Angst? Habt ihr noch keinen Glauben?« Da ergriff sie große Furcht und sie
sagten zueinander: »Wer ist denn dieser, dass ihm
sogar der Wind und das Meer gehorchen?«

Markus 4,35-41 (E)

Der sinkende Petrus

Jesus drängte die Jünger, ins Boot zu steigen und an das andere Ufer vorauszufahren. Inzwischen wollte er die Leute nach Hause schicken. Nachdem er sie weggeschickt hatte, stieg er auf einen Berg, um für sich allein zu beten. Als es Abend wurde, war er allein dort. Das Boot aber war schon viele Stadien vom Land entfernt und wurde von den Wellen hin und her geworfen; denn sie hatten Gegenwind. In der vierten Nachtwache kam er zu ihnen; er ging auf dem See. Als ihn die Jünger über den See kommen sahen, erschraken sie, weil sie meinten, es sei ein Gespenst, und sie schrien vor Angst. Doch sogleich sprach Jesus zu ihnen und sagte: »Habt Vertrauen, ich bin es; fürchtet euch nicht!« Petrus erwiderte ihm und sagte: »Herr, wenn du es bist, so befiehl, dass ich auf dem Wasser zu dir komme!« Jesus sagte: »Komm!« Da stieg Petrus aus dem Boot und kam über das Wasser zu Jesus. Als er aber den heftigen Wind bemerkte, bekam er Angst. Und als er begann unterzugehen, schrie er: »Herr, rette mich!« Jesus streckte sofort die Hand aus, ergriff ihn und sagte zu ihm: »Du Kleingläubiger, warum hast du gezweifelt?« Und als sie ins Boot gestiegen waren, legte sich der Wind. Die Jünger im Boot aber fielen vor Jesus nieder und sagten: »Wahrhaftig, Gottes Sohn bist du.«

Matthäus 14,22-33 (E)

Die Botschaft der Auferstehung

Jesus zeigt sich Maria von Magdala

Maria stand draußen vor dem Grab Jesu und weinte. Während sie weinte, beugte sie sich in die Grabkammer hinein. Da sah sie zwei Engel in weißen Gewändern sitzen, den einen dort, wo der Kopf, den anderen dort, wo die Füße des Leichnams Jesu gelegen hatten. Diese sagten zu ihr: »Frau, warum weinst du?« Sie antwortete ihnen: »Sie haben meinen Herrn weggenommen und ich weiß nicht, wohin sie ihn gelegt haben.« Als sie das gesagt hatte, wandte sie sich um und sah Jesus dastehen, wusste aber nicht, dass es Jesus war. Jesus sagte zur ihr: »Frau, warum weinst du? Wen suchst du?« Sie meinte, es sei der Gärtner, und sagte zu ihm: »Herr, wenn du ihn weggebracht hast, sag mir, wohin du ihn gelegt hast! Dann will ich ihn holen.« Jesus sagte zu ihr: »Maria!« Da wandte sie sich um und sagte auf Hebräisch zu ihm: »Rabbuni!«, das heißt: Meister. Jesus sagte zu ihr: »Halte mich nicht fest; denn ich bin noch nicht zum Vater hinaufgegangen. Geh aber zu meinen Brüdern und sag ihnen: ›Ich gehe hinauf zu meinem Vater und eurem Vater,

zu meinem Gott und eurem Gott.‹«
Maria von Magdala kam zu den Jüngern und
verkündete ihnen: »Ich habe den Herrn gesehen.«
Und sie berichtete, was er ihr gesagt hatte.

Johannes 20,11-18 (E)

Die Emmausjünger

Und siehe, zwei von den Jüngern gingen an dem-
selben Tag in ein Dorf, das war von Jerusalem
etwa sechzig Stadien entfernt; dessen Name ist
Emmaus. Und sie redeten miteinander von allen
diesen Geschichten. Und es geschah, als sie so
redeten und einander fragten, da nahte sich Jesus
selbst und ging mit ihnen. Aber ihre Augen wurden
gehalten, dass sie ihn nicht erkannten.

Er sprach aber zu ihnen: »Was sind das für Dinge,
die ihr miteinander verhandelt unterwegs?« Da
blieben sie traurig stehen. Und der eine, mit Namen Kleopas, antwortete und sprach zu ihm: »Bist
du der Einzige unter den Fremden in Jerusalem,
der nicht weiß, was in diesen Tagen dort geschehen
ist?« Und er sprach zu ihnen: »Was denn?« Sie sprachen zu ihm: »Das mit Jesus von Nazareth, der ein

Prophet war, mächtig in Tat und Wort vor Gott
und allem Volk; wie ihn unsre Hohenpriester und
Oberen zur Todesstrafe überantwortet und gekreu-
zigt haben. Wir aber hofften, er sei es, der Israel
erlösen werde. Und über das alles ist heute der
dritte Tag, dass dies geschehen ist. Auch haben uns
erschreckt einige Frauen aus unserer Mitte, die sind
früh bei dem Grab gewesen, haben seinen Leib
nicht gefunden, kommen und sagen, sie haben
eine Erscheinung von Engeln gesehen, die sagen,
er lebe. Und einige von denen, die mit uns waren,
gingen hin zum Grab und fanden's so, wie die
Frauen sagten; aber ihn sahen sie nicht.« Und er
sprach zu ihnen: »O ihr Toren, zu trägen Herzens,
all dem zu glauben, was die Propheten geredet
haben! Musste nicht der Christus dies erleiden und
in seine Herrlichkeit eingehen?« Und er fing an bei
Mose und allen Propheten und legte ihnen aus,
was in allen Schriften von ihm gesagt war.

Und sie kamen nahe an das Dorf, wo sie hingin-
gen. Und er stellte sich, als wollte er weitergehen.
Und sie nötigten ihn und sprachen: »Bleibe bei
uns; denn es will Abend werden, und der Tag hat
sich geneigt.« Und er ging hinein, bei ihnen zu

bleiben. Und es geschah, als er mit ihnen zu Tisch saß, nahm er das Brot, dankte, brach's und gab's ihnen. Da wurden ihre Augen geöffnet, und sie erkannten ihn. Und er verschwand vor ihnen. Und sie sprachen untereinander: »Brannte nicht unser Herz in uns, da er mit uns redete auf dem Wege und uns die Schrift öffnete?« Und sie standen auf zu derselben Stunde, kehrten zurück nach Jerusalem und fanden die Elf versammelt und die bei ihnen waren; die sprachen: »Der Herr ist wahrhaftig auferstanden und Simon erschienen.« Und sie erzählten ihnen, was auf dem Weg geschehen war und wie er von ihnen erkannt wurde, da er das Brot brach.

Lukas 24,13-35 (L)

Jesus und Thomas

Thomas, der Didymus genannt wurde, einer der Zwölf, war nicht bei ihnen, als Jesus kam. Die anderen Jünger sagten zu ihm: »Wir haben den Herrn gesehen.« Er entgegnete ihnen: »Wenn ich nicht das Mal der Nägel an seinen Händen sehe und wenn ich meinen Finger nicht in das Mal der Nägel und meine Hand nicht in seine Seite lege, glaube ich nicht.«

Acht Tage darauf waren seine Jünger wieder versammelt und Thomas war dabei.

Da kam Jesus bei verschlossenen Türen, trat in ihre Mitte und sagte: »Friede sei mit euch!« Dann sagte er zu Thomas: »Streck deinen Finger hierher aus und sieh meine Hände! Streck deine Hand aus und leg sie in meine Seite und sei nicht ungläubig, sondern gläubig!«

Thomas antwortete und sagte zu ihm: »Mein Herr und mein Gott!« Jesus sagte zu ihm: »Weil du mich gesehen hast, glaubst du. Selig sind, die nicht sehen und doch glauben.«

Johannes 20,24-29 (E)

Dichterische Worte

Ich denke mir oft, dass ich vor der Geburt von meiner Mutter umgeben war, in ihrem Leib, ohne sie zu kennen. Dann brachte sie mich zur Welt, und ich kenne sie nun und lebe mit ihr. So, glaube ich, sind wir als Lebende von Gott umgeben, ohne ihn zu erkennen. Wenn wir sterben, werden wir ihn erfahren, so wie ein Kind seine Mutter, und mit ihm sein. Warum sollte ich den Tod fürchten?

Carl Zuckmayer

Ein Mann hatte eines Nachts einen Traum: Er ging mit Gott zusammen an einem Strand entlang. Sein ganzes Leben zog an ihm vorüber – und hinterließ seine Spuren im Sand. Der Mann sah zurück und entdeckte, dass manchmal nur eine einzige Fußspur im Sand war. Und dann merkte er, dass dies gerade die Tage größter Not und Traurigkeit in seinem Leben waren. Da fragte er Gott: »Hast du nicht versprochen, bei mir zu sein? Ich sehe aber an den Tagen meiner größten Not nur eine einzige Fußspur! Warum hast du mich immer dort allein gelassen, wo ich dich am nötigsten gebraucht hätte?« Da antwortete Gott: »Ich liebe dich doch!

Ich würde dich niemals verlassen. In den Tagen, wo du am meisten gelitten hast, wo du mich am nötigsten gebraucht hast, wo du nur eine einzige Spur im Sand entdeckt hast, da habe ich dich getragen.«

Ein Unbekannter

Das Zeitliche segnen

Es gibt ein schönes und wichtiges Wort, das unsere Voreltern gebrauchten, wenn sie ein gutes Abschiednehmen meinten. Sie sagten: Er oder sie »segnet das Zeitliche«. Der Sinn dieses Wortes ist uns verloren gegangen mit viel anderem, das kostbar gewesen ist.

Segen ist die Kraft, die Fruchtbarkeit bewirkt, Wachstum und Gedeihen. Segnen heißt das Leben fördern und bejahen. So segnet der Abschiednehmende sein vergehendes Leben. Er segnet das Zeitliche und alles, was er geliebt hat.

Er schaut alles noch einmal dankbar und freundlich an. Er wendet seine abnehmenden Kräfte den Zurückbleibenden zu und gibt ihnen seine Liebe mit auf ihren weiteren Weg. Er gönnt ihnen ihre

weitere Zeit. Er wünscht ihnen Glück. Er vertraut
sie der Güte Gottes an.

So schließt er sein Leben in Liebe ab. Und wird
dabei zuletzt noch das Schönste, das er werden
kann: ein Mensch, von dem Segen ausgeht.

Jörg Zink

Von guten Mächten wunderbar geborgen

Von guten Mächten treu und still umgeben,
behütet und getröstet wunderbar,
so will ich diese Tage mit euch leben
und mit euch gehen in ein neues Jahr.

Noch will das Alte unsre Herzen quälen,
noch drückt uns böser Tage schwere Last.
Ach Herr, gib unsern aufgeschreckten Seelen
das Heil, für das du uns geschaffen hast.

Und reichst du uns den schweren Kelch, den bittern,
des Leids, gefüllt bis an den höchsten Rand,
so nehmen wir ihn dankbar ohne Zittern
aus deiner guten und geliebten Hand.

Doch willst du uns noch einmal Freude schenken
an dieser Welt und ihrer Sonne Glanz,
dann woll'n wir des Vergangenen gedenken,
und dann gehört dir unser Leben ganz.

Lass warm und hell die Kerzen heute flammen,
die du in unsre Dunkelheit gebracht,
führ, wenn es sein kann, wieder uns zusammen.
Wir wissen es, dein Licht scheint in der Nacht.

Wenn sich die Stille nun tief um uns breitet,
so lass uns hören jenen vollen Klang
der Welt, die unsichtbar sich um uns weitet,
all deiner Kinder hohen Lobgesang.

Von guten Mächten wunderbar geborgen,
erwarten wir getrost, was kommen mag.
Gott ist mit uns am Abend und am Morgen
und ganz gewiss an jedem neuen Tag.

Dietrich Bonhoeffer

Gebete

Viele der Vorlesetexte können auch als Gebet gesprochen werden. Das gilt in besonderem Maß für die Psalmen. Darüber hinaus finden Sie in diesem Teil Stoßgebete, Liedgebete, Mariengebete und andere bekannte und vertraute Gebetstexte. Der Notensatz bei den Liedstrophen bietet die Möglichkeit, die Texte nicht nur zu sprechen, sondern auch zu singen.

Stoßgebete

Jesus, sei mir gnädig.
Jesus, sei mir barmherzig.
Jesus, verzeih mir meine Sünden!

Jesus, dir leb' ich.
Jesus, dir sterb' ich.
Jesus, dein bin ich tot und lebendig.

Heiliger Gott!
Heiliger, starker Gott!
Heiliger, unsterblicher Gott!
Erbarme dich unser!

Herr, Jesus Christus,
Sohn des lebendigen Gottes,
erbarme dich meiner!

Komm, Herr Jesus!

Herr, sei du mit mir!

Herr, bleibe bei uns;
denn es will Abend werden,
und der Tag hat sich geneigt.

Herr, dein Wille geschehe.

Vater, in deine Hände
befehle ich meinen Geist.

Liedgebete

Christe, du Lamm Gottes,
der du trägst die Sünd der Welt,
erbarm dich unser.
Christe, du Lamm Gottes,
der du trägst die Sünd der Welt,
gib uns deinen Frieden.
Amen.

EG 190,2 / GL 208

So nimm denn meine Hände
und führe mich
bis an mein selig Ende
und ewiglich.
Ich mag allein nicht gehen,
nicht einen Schritt:
Wo du wirst gehn und stehen,
da nimm mich mit.

In dein Erbarmen hülle
mein schwaches Herz
und mach es gänzlich stille
in Freud und Schmerz.
Lass ruhn zu deinen Füßen
dein armes Kind:
Es will die Augen schließen
und glauben blind.

Wenn ich auch gleich nichts fühle
von deiner Macht,
du führst mich doch zum Ziele
auch durch die Nacht;
so nimm denn meine Hände
und führe mich
bis an mein selig Ende und ewiglich.   *EG 376,1-3*

Jesu, geh voran
auf der Lebensbahn!
Und wir wollen nicht verweilen,
dir getreulich nachzueilen;
führ' uns an der Hand
bis ins Vaterland.

Ordne unsern Gang,
Jesu, lebenslang.
Führst du uns durch raue Wege,
gib uns auch die nöt'ge Pflege;
tu uns nach dem Lauf
deine Türe auf.

EG 391,1.4

Herr, mein Hirt, Brunn aller Freuden,
du bist mein, ich bin dein,
niemand kann uns scheiden.
Ich bin dein, weil du dein Leben
und dein Blut mir zugut
in den Tod gegeben;

du bist mein, weil ich dich fasse
und dich nicht, o mein Licht,
aus dem Herzen lasse.

Lass mich, lass mich hingelangen,
da du mich und ich dich
leiblich werd umfangen. *EG 370,11.12*

Befiehl du deine Wege
und was dein Herze kränkt
der allertreusten Pflege des,
der den Himmel lenkt.
Der Wolken, Luft und Winden
gibt Wege, Lauf und Bahn,
der wird auch Wege finden,
da dein Fuß gehen kann.

Mach End, o Herr, mach Ende
mit aller unsrer Not;
stärk unsre Füß und Hände
und lass bis in den Tod
uns allzeit deiner Pflege
und Treu empfohlen sein,
so gehen unsre Wege
gewiss zum Himmel ein. *EG 361,1.12*

Ich steh' in meines Herren Hand
und will drin stehen bleiben;
nicht Erdennot, nicht Erdentand
soll mich daraus vertreiben.
Und wenn zerfällt die ganze Welt,
wer sich an ihn und wen er hält,
wird wohlbehalten bleiben.

Und meines Glaubens Unterpfand,
ist, was er selbst verheißen,
dass nichts mich seiner starken Hand
soll je und je entreißen.
Was er verspricht, das bricht er nicht;
er bleibet meine Zuversicht,
ich will ihn ewig preisen.   *EG 374,1.5*

Ein Tag, der sagt dem andern,
mein Leben sei ein Wandern
zur großen Ewigkeit.
O Ewigkeit, so schöne,
mein Herz an dich gewöhne,
mein Heim ist nicht in dieser Zeit.   *EG 481,5*

Ich will dich lieben, meine Stärke,
ich will dich lieben, meine Zier;
ich will dich lieben mit dem Werke
und immerwährender Begier.
Ich will dich lieben, schönstes Licht,
bis mir das Herze bricht.

Ich will dich lieben, meine Krone,
ich will dich lieben, meinen Gott;
ich will dich lieben ohne Lohne
auch in der allergrößten Not;
ich will dich lieben, schönstes Licht,
bis mir das Herze bricht.

EG 400,1.7 / GL 558,1.7

Wenn ich einmal soll scheiden,
so scheide nicht von mir,
wenn ich den Tod soll leiden,
so tritt du dann herfür;
wenn mir am allerbängsten
wird um das Herze sein,
so reiß mich aus den Ängsten
kraft deiner Angst und Pein.   *EG 85,9 / GL 289,7*

O Welt, ich muss dich lassen,
ich fahr dahin mein Straßen
ins ewig Vaterland.
Mein Geist will ich aufgeben,
dazu mein' Leib und Leben
legen in Gottes gnädig Hand.

Mein Zeit ist nun vollendet,
der Tod das Leben endet,
Sterben ist mein Gewinn;
kein Bleiben ist auf Erden;
das Ewge muss mir werden,
mit Fried und Freud ich fahr dahin.

EG 521,1.2 / GL 510,1.2

Großer Gott, wir loben dich;
Herr, wir preisen deine Stärke.
Vor dir neigt die Erde sich
und bewundert deine Werke.
Wie du warst vor aller Zeit,
so bleibst du in Ewigkeit.

Herr, erbarm, erbarme dich.
Lass uns deine Güte schauen;
deine Treue zeige sich,
wie wir fest auf dich vertrauen.
Auf dich hoffen wir allein:
Lass uns nicht verloren sein.

EG 331,1.11 / GL 380,1.11

Schönster Herr Jesu, bei uns gegenwärtig
durch dein Wort und Sakrament,
Jesu, dich bitt ich: Herr, sei uns gnädig
jetzt und auch am letzten End.   *GL 364,5*

Nun bitten wir den Heiligen Geist
um den rechten Glauben allermeist,
dass er uns behüte an unserem Ende,
wenn wir heimfahrn aus diesem Elende.
Kyrieleis.   *EG 124,1 / GL 348,1*

Christ ist erstanden
von der Marter alle;
des solln wir alle froh sein,
Christ will unser Trost sein.
Kyrieleis.

Wär er nicht erstanden,
so wär die Welt vergangen;
seit dass er erstanden ist,
so lobn wir den Vater Jesu Christ!
Kyrieleis.   *EG 99 / GL 318*

Christ ist er-stan - den von der Mar-ter
al - le. Des solln wir al - le froh sein;
Christ will un-ser Trost sein. Ky - ri - e - leis.
Wär er nicht er-stan - den, so wär die Welt ver-
gan - gen. Seit dass er er-stan-den ist, so
lobn wir den Va-ter Je-su Christ! Ky - ri - e - leis.
Hal - le - lu - ja, Hal - le - lu - ja,
Hal - le - lu - ja. Des solln wir al-le froh sein;
Christ will un-ser Trost sein. Ky - ri - e - leis.

Wenn mein Stündlein vorhanden ist
und soll hinfahrn mein Straße,
so g'leit du mich, Herr Jesu Christ,
mit Hilf mich nicht verlasse.
Mein Seel an meinem letzten End
befehl ich dir in deine Händ,
du wollst sie mir bewahren.

Ich bin ein Glied an deinem Leib,
des tröst' ich mich von Herzen;
von dir ich ungeschieden bleib
in Todesnot und Schmerzen;
wenn ich gleich sterb, so sterb' ich dir;
ein ewig Leben hast du mir
mit deinem Tod erworben.

EG 522,1.3 / GL (1975) 658,1.2

Gott wohnt in einem Lichte,
dem keiner nahen kann.
Von seinem Angesichte
trennt uns der Sünde Bann.
Unsterblich und gewaltig
ist unser Gott allein,
will König tausendfaltig,
Herr aller Herren sein.

Und doch bleibt er nicht ferne,
ist jedem von uns nah.
Ob er gleich Mond und Sterne
und Sonne werden sah,
mag er dich doch nicht missen
in der Geschöpfe Schar,
will stündlich von dir wissen
und zählt dir Tag und Jahr.

Nun darfst du in ihm leben
und bist nie mehr allein,
darfst mit ihm atmen, weben
und immer bei ihm sein.
Den keiner je gesehen
noch künftig sehen kann,
will dir zur Seite gehen
und führt dich himmelan.

EG 379,1-2.5 / GL 429,1-2.5

Mariengebete

Ave Maria

Gegrüßet seist du, Maria, voll der Gnade,
der Herr ist mit dir.
Du bist gebenedeit unter den Frauen,
und gebenedeit ist die Frucht deines Leibes,
Jesus.
Heilige Maria, Mutter Gottes,
bitte für uns Sünder
jetzt und in der Stunde unseres Todes.
Amen.   *GL 3,5*

Unter deinen Schutz und Schirm fliehen wir,
o heilige Gottesmutter,
verschmähe nicht unser Gebet in unseren Nöten,
sondern erlöse uns jederzeit von allen Gefahren.
O du glorreiche und gebenedeite Jungfrau,
unsere Frau, unsere Mittlerin, unsere Fürsprecherin,
versöhne uns mit deinem Sohne,
empfiehl uns deinem Sohne,
stelle uns vor deinem Sohne.   *GL 5,7*

Maria, breit den Mantel aus,
mach Schirm und Schild für uns daraus,
lass uns darunter sicher stehn,
bis alle Stürm vorübergehn.
Patronin voller Güte, uns allezeit behüte.

Dein Mantel ist sehr weit und breit,
er deckt die ganze Christenheit,
er deckt die weite, weite Welt,
ist aller Zuflucht und Gezelt.
Patronin voller Güte, uns allezeit behüte.

O Mutter der Barmherzigkeit,
den Mantel über uns ausbreit;
uns all darunter wohl bewahr,
zu jeder Zeit in aller Gfahr.
Patronin voller Güte, uns allezeit behüte.

GL 534,1-2.4

Salve Regina

Sei gegrüßt, o Königin,
Mutter der Barmherzigkeit;
unser Leben, unsre Wonne,
unsre Hoffnung, sei gegrüßt!
Zu dir rufen wir verbannte Kinder Evas;
zu dir seufzen wir trauernd und weinend
in diesem Tal der Tränen.
Wohlan denn, unsre Fürsprecherin,
wende deine barmherzigen Augen uns zu,
und nach diesem Elend zeige uns Jesus,
die gebenedeite Frucht deines Leibes.
O gütige, o milde, o süße Jungfrau Maria.

GL 10,1

Weitere Gebete

Allmächtiger Gott,
unergründlich sind deine Geheimnisse
und unerforschlich deine Wege.
Du hast mich erschaffen
und willst mich nun wieder zu dir nehmen.
Alles, was ich bin und habe,
lege ich in deine Hände zurück.
Schenk mir deine vergebende Liebe.
Hilf mir, dass ich allen vergeben kann.
Nimm hin mein Leben und verwandle es.
Lass mich auferstehen und ewig leben
in deiner Herrlichkeit. Amen.   *GL (1975) 12,2*

Herr, ich bin alt, schwach und krank,
aber ich kann nichts mehr tun;
aber du lässt mich leben.
So will ich da sein für dich.
Hilf mir, dass ich all die Dienste,
die ich von anderen brauche,
willig und dankbar annehme.
Gib du deinen Segen allen,
die mir Gutes tun. Amen.   *GL (1975) 11,1*

Himmlischer Vater,
ich habe mir oft gewünscht,
das Leben und das Leiden mögen zu Ende sein.
Jetzt, da es vielleicht bald so weit ist,
fällt mir der Abschied schwer.
Zwar habe ich Schmerzen,
aber ich will nicht sterben.
Ich mache mir Sorgen –
vieles geht mir durch den Kopf.
Aber ich kann nicht für alles verantwortlich sein.
Gib mir Ruhe und Frieden.
Amen.

Eine Mutter (Quelle unbekannt)

Herr Jesu Christ, mein Trost und Freud,
ich wart auf dich zu jeder Zeit.
Komm, wann du willst, ich bin bereit.
Amen.

(Quelle unbekannt)

Herr, wann du willst,
dann ist es Zeit,
und wann du willst,
bin ich bereit,
heut und in aller Ewigkeit.

Rupert Mayer

In den Tiefen, die kein Trost erreicht,
lass doch deine Treue mich erreichen.
In den Nächten, wo der Glaube weicht,
lass nicht deine Gnade von mir weichen.

Auf dem Weg, den keiner mit mir geht,
wenn zum Beten die Gedanken schwinden,
wenn mich kalt die Finsternis umweht,
wollest du in meiner Not mich finden.

Wenn ich deine Hand nicht fassen kann,
nimm die meine du in deine Hände,
nimm dich meiner Seele gnädig an,
führe mich zu einem guten Ende.   *Justus Delbrück*

In ihm sei's begonnen,
der Monde und Sonnen
am blauen Gezelten
des Himmels bewegt!
Du, Vater, du rate!
Lenke du und wende!
Herr, dir in die Hände
sei Anfang und Ende,
sei alles gelegt.

Eduard Mörike

Segensbitten

Es segne dich Gott, der Vater,
der dich nach seinem Bild geschaffen hat.
Es segne dich Gott, der Sohn,
der dich durch sein Leiden und Sterben erlöst hat.
Es segne dich Gott, der Heilige Geist,
der dich zu seinem Eigentum bereitet
und geheiligt hat.

Der treue und barmherzige Gott wolle dich
durch seine Engel geleiten in das Reich,
da die Seinen ihn ewiglich preisen.
Unser Herr Christus sei in dir,
dass er dich beschütze.
Der Heilige Geist sei mit dir,
dass der dich erquicke.

Der dreieinige Gott
*(hier mache man über dem Sterbenden mit der Hand das
Zeichen des Kreuzes)*
sei dir gnädig und segne dich zum ewigen Leben.
Amen.

Christus, bewahre mich,
Christus, beschütze mich,
Christus, nimm mich auf in deine Wohnstatt.
Christus, gib mir Kraft,
Christus, heilige mich,
Christus, rette mich vor der ewigen Verdammnis.
Im Leben, im Tod, steh du mir bei.
Und segne mich.
Das hoffe ich.

Irisches Sterbegebet

Der unbegreifliche Gott
erfülle dein Leben
mit seiner Kraft,
dass du entbehren kannst,
ohne hart zu werden,
dass du leiden kannst,
ohne zu zerbrechen,
dass du Niederlagen hinnehmen kannst,
ohne dich aufzugeben,
dass du schuldig werden kannst,
ohne dich zu verachten,
dass du mit Unbeantwortbarem leben kannst,
ohne die Hoffnung preiszugeben.

Sabine Naegeli

Gott, der dich wahrnimmt,
lasse zu deiner Erfahrung werden,
was er dir zugesagt hat:
Bei dir zu sein
in Angst und Unsicherheit,
zu dir zu stehen
in Ausweglosigkeit und Verlassenheit,
dich zu trösten,
wenn du bekümmert bist,
deine Bedürftigkeit
zu Herzen zu nehmen,
was immer auf dir lastet.

Er schenke dir,
was du dir selbst
nicht geben kannst:
Wachsendes Vertrauen
mitten in den Widersprüchen
dieses Lebens.

Sabine Naegeli

Krankensegnung und Krankensalbung

In immer mehr evangelischen Gemeinden wird eine urchristliche Sitte wiederentdeckt: die Krankensegnung und Krankensalbung. Schon lange gibt es diesen Brauch in der katholischen Kirche. Dort ist die Krankensalbung ein Sakrament, das der Priester spendet. In der evangelischen Kirche hat sie nicht den Rang eines Sakraments, sondern ist eine Zuwendung, die Gottes Zusage durch Handauflegung und Salbung spürbar werden lässt. Alle, die diesen alten Brauch nachvollziehen wollen, finden hier die Anregung für eine kleine Liturgie. Ausdrücklich empfohlen wird die Salbung und Segnung im Brief des Jakobus:

Ist jemand unter euch krank, der rufe zu sich die Ältesten der Gemeinde, dass sie über ihm beten und ihn salben mit Öl in dem Namen des Herrn. Und das Gebet des Glaubens wird dem Kranken helfen, und der Herr wird ihn aufrichten; und wenn er Sünden getan hat, wird ihm vergeben werden.

Jakobus 5,14-15 (L)

DIE KRANKENSALBUNG

Wer die Krankensalbung vollziehen will, besorgt sich in einer Drogerie oder Apotheke eine Flasche mit einem geeigneten wohlriechenden Öl und nimmt es zusammen mit einer kleinen Keramikschale mit.

Die Krankensalbung

Friedensgruß
Der Friede des Herrn sei mit diesem Haus.

Psalm
Dennoch bleibe ich stets an dir;
denn du hältst mich bei meiner rechten Hand,
    du leitest mich nach deinem Rat
    und nimmst mich am Ende mit Ehren an.
Wenn ich nur dich habe,
so frage ich nichts nach Himmel und Erde.
    Wenn mir gleich Leib und Seele verschmachtet,
    so bist du doch, Gott,
    allezeit meines Herzens Trost und mein Teil.
Psalm 73,23-26 (L)

Hinführung
Im Namen Jesu Christi wollen wir über … beten
und sie/ihn mit dem Öl salben. Wir vertrauen sie/
ihn der Gnade und der Kraft Christi an.

Lesung
Ist Gott für uns, wer kann wider uns sein?
Der auch seinen eigenen Sohn
nicht verschont hat,

sondern hat ihn für uns alle dahingegeben –
wie sollte er uns mit ihm nicht alles schenken?

Wer will die Auserwählten Gottes beschuldigen?
Gott ist hier, der gerecht macht.
Wer will verdammen?
Christus Jesus ist hier, der gestorben ist,
ja mehr noch, der auch auferweckt ist,
der zur Rechten Gottes ist und für uns eintritt.

Römer 8,31-34 (L)

Gebet
Lieber Vater im Himmel,
meine Krankheit macht mir schwer zu schaffen.
Sie belastet mich an Leib und Seele.
Manches Mal nimmt sie mir die Hoffnung
auf ein gutes Ende.
Herr, lass mich spüren,
dass du trotz aller Angst und allen Schmerzen
bei mir bist
und mich nicht aus deinen Händen gleiten lässt.
Herr, gib mir eine Fröhlichkeit des Herzens
trotz aller Trauer, um deiner Liebe willen.
Amen.

Salbung
(Wir nehmen das Salbengefäß mit den folgenden Worten zur Hand):

Gott, du nimmst deine Schöpfung in den Dienst
deines Erbarmens.
Wir bitten dich, lass dieses Öl
zum Zeichen deiner heilenden und rettenden Kraft
an dieser/diesem Kranken werden.
Amen.

(Nach diesen Worten salben wir mit leichten Bewegungen die Stirn und die Handrücken der/des Kranken.)

Segnung
(Nach der Salbung legen wir der/dem Kranken die Hände auf das Haupt und sprechen dazu):

…, sei gesegnet
im Namen unsres Herrn Jesus Christus.
Er richte dich auf
durch die heilende Macht seiner Liebe.
Friede sei mit dir.
Amen.

Sie finden hier drei Andachten am Bett eines oder einer Sterbenden. Sie sind alle vollständig aufgeführt, damit Sie es beim Lesen leichter haben.

Andacht am Sterbebett (I)

Eingang
Im Namen Gottes, des Vaters
und des Sohnes
und des Heiligen Geistes.
Amen. +++

Bibelwort
Nun spricht der Herr: »Fürchte dich nicht,
denn ich habe dich erlöst;
ich habe dich bei deinem Namen gerufen;
du bist mein!«   *Jesaja 43,1 (L)*

Gebet
Herr, ich weiß, dass du mich liebst,
dass mein Sterben genauso in deinen Händen liegt
wie mein Leben.
Ich will glauben, dass alles, so wie es kommt,
in deine Liebe eingeschlossen ist.

So wie du es fügst, wird es gut sein für mich.
Hilf mir, deinen Willen zu verstehen
und anzunehmen.
Hilf mir täglich, bereit zu sein,
wenn du mich rufst.
Lass mich versöhnt mit dir sterben,
in der Hoffnung,
dass du mir alles zum Guten wendest . –
Herr, dein Wille geschehe.
Amen.   *GL (1975) 12,1*

Psalm
Der Herr ist mein Hirte,
mir wird nichts mangeln.
Er weidet mich auf einer grünen Aue
und führet mich zum frischen Wasser.
Er erquicket meine Seele.
Er führet mich auf rechter Straße
um seines Namens willen.
Und ob ich schon wanderte im finstern Tal,
fürchte ich kein Unglück;
denn du bist bei mir,
dein Stecken und Stab trösten mich.
Du bereitest vor mir einen Tisch
im Angesicht meiner Feinde.

Du salbest mein Haupt mit Öl
und schenkest mir voll ein.
Gutes und Barmherzigkeit werden mir folgen mein
Leben lang,
und ich werde bleiben im Hause des Herrn
immerdar. *Psalm 23 (L)*

Wort an den Sterbenden
Es segne dich Gott, der Vater,
der dich nach seinem Ebenbild geschaffen hat.
Es segne dich Gott, der Sohn,
der dich durch sein Leiden und Sterben erlöst hat.
Es segne dich Gott, der Heilige Geist,
der dich zum Leben gerufen und geheiligt hat.

Liedvers
(gesprochen oder gesungen)
Ich will dich lieben, meine Stärke,
ich will dich lieben, meine Zier,
ich will dich lieben mit dem Werke
und immerwährender Begier;
ich will dich lieben, schönstes Licht,
bis mir das Herze bricht. *EG 400,1 / GL 358,1*

Ich will dich lie-ben, mei-ne Stär-ke, ich
ich will dich lie-ben mit dem Wer-ke und

will dich lie-ben, mei-ne Zier;
im-mer-wäh-ren-der Be-gier. Ich will dich

lie-ben, schöns-tes Licht, bis mir das Her-ze bricht.

Vaterunser
Vater unser im Himmel,
geheiligt werde dein Name.
Dein Reich komme.
Dein Wille geschehe
wie im Himmel so auf Erden.
Unser tägliches Brot gib uns heute.
Und vergib uns unsere Schuld,
wie auch wir vergeben unsern Schuldigern.
Und führe uns nicht in Versuchung,
sondern erlöse uns von dem Bösen.
Denn dein ist das Reich und die Kraft
und die Herrlichkeit in Ewigkeit.
Amen.

ANDACHT AM STERBEBETT (I)

Segen
Es segne und behüte uns Gott,
der Allmächtige und Barmherzige.
Vater, Sohn und Heiliger Geist.
Amen.

Andacht am Sterbebett (II)

Eingang
Im Namen Gottes, des Vaters
und des Sohnes
und des Heiligen Geistes.
Amen. +++

Bibelwort
Leben wir, so leben wir dem Herrn;
sterben wir, so sterben wir dem Herrn.
Darum: wir leben oder sterben,
so sind wir des Herrn.
Denn dazu ist Christus gestorben
und wieder lebendig geworden,
dass er über Tote und Lebende Herr sein.

Römer 14,8-9 (L)

Gebet
Herr, die Stunden sind gezählt.
Wir sind am Ende mit unserer Macht
und mit unserer Kraft.
Wir wären gerne noch viele Tage
und Jahre zusammen gewesen.
Es kann nicht sein.
Wir wollen Abschied voneinander nehmen.

Andacht am Sterbebett (II)

Herr, bleib du bei uns mit deiner Liebe.
Gib du uns die Gewissheit,
dass wir in deiner Hand bleiben,
auch über den Tod hinaus,
und Leben finden.
Wir befehlen uns dir,
was immer auch auf uns zukommt.
Herr, segne uns.
Amen.

Psalm
Der Herr ist mein Licht und mein Heil;
vor wem wollte ich mich fürchten?
Der Herr ist meines Lebens Kraft;
vor wem sollte mir grauen?   *Psalm 27,1 (L)*

Wort an den Sterbenden
Es segne dich Gott, der Vater,
der dich nach seinem Ebenbild geschaffen hat.
Es segne dich Gott, der Sohn,
der dich durch sein Leiden und Sterben erlöst hat.
Es segne dich Gott, der Heilige Geist,
der dich zum Leben gerufen und geheiligt hat.
Gott, der Vater und der Sohn und der Heilige Geist,
geleite dich durch das Dunkel des Todes.

Er sei dir gnädig im Gericht
und gebe dir Frieden und ewiges Leben.

Liedvers
(gesprochen oder gesungen)

Be - fiehl du dei - ne We - ge und
der al - ler - treus - ten Pfle - ge des,

was dein Her - ze kränkt
der den Him - mel lenkt. Der Wol - ken, Luft und

Win - den gibt We - ge, Lauf und Bahn, der wird auch

We - ge fin - den, da dein Fuß ge - hen kann.

Befiehl dem Herrn deine Wege
und was dein Herze kränkt
der allertreusten Pflege
des, der den Himmel lenkt.

Andacht am Sterbebett (II)

Der Wolken, Luft und Winden
gibt Wege, Lauf und Bahn,
der wird auch Wege finden,
da dein Fuß gehen kann.   *Paul Gerhard; EG 361,1*

Vaterunser
Vater unser im Himmel,
geheiligt werde dein Name.
Dein Reich komme.
Dein Wille geschehe
wie im Himmel so auf Erden.
Unser tägliches Brot gib uns heute.
Und vergib uns unsere Schuld,
wie auch wir vergeben unsern Schuldigern.
Und führe uns nicht in Versuchung,
sondern erlöse uns von dem Bösen.
Denn dein ist das Reich und die Kraft
und die Herrlichkeit in Ewigkeit.
Amen.

Segen
Es segne und behüte uns Gott,
der Allmächtige und Barmherzige.
Vater, Sohn und Heiliger Geist.
Amen.

Andacht am Sterbebett (III)

Eingang
Im Namen des Vaters
und des Sohnes
und des Heiligen Geistes.
Amen. +++

Einführung und Gebet
Wir sind es gewohnt, unser Leben
in die Hand zu nehmen.
Und nun stehen wir mit unserer ganzen Armut
und Ratlosigkeit da.
Was wir tun konnten, haben wir getan.
Jetzt bleibt uns die Hoffnung,
dass wir das Kommende Gott überlassen dürfen.
Ihn bitten wir:

Guter Gott, du hast uns Kraft geschenkt,
mit der wir unser Leben gestaltet haben.
Wir danken dir für alles,
was wir mit … tun und bewegen konnten.
Sieh jetzt auf unsere Hilflosigkeit
und sei du unsere Kraft und Stärke,

damit wir dir alles übergeben können.
Hilf uns zu begreifen,
zu welcher Hoffnung wir durch dich berufen sind.
Amen.

Bibelwort
Der Gott und Vater unseres Herrn Jesus Christus
erleuchte die Augen eures Herzens, damit ihr ver-
steht, zu welcher Hoffnung ihr durch ihn berufen
seid, welchen Reichtum die Herrlichkeit seines Er-
bes den Heiligen schenkt und wie überragend groß
seine Macht sich an uns, den Gläubigen, erweist
durch das Wirken seiner Kraft und Stärke.

Epheser 1,18-19 (E)

Psalm
(Der Kehrvers kann von allen Anwesenden mitgebetet werden.)
Herr, bei dir habe ich mich geborgen.
Lass mich nicht zuschanden werden in Ewigkeit;
rette mich in deiner Gerechtigkeit!
Neige dein Ohr mir zu,
erlöse mich eilends!

Kehrvers: In deine Hand lege ich voll Vertrauen
meinen Geist.

Sei mir ein schützender Fels,
ein festes Haus, mich zu retten!
Denn du bist mein Fels und meine Festung;
um deines Namens willen wirst du mich führen
und leiten.

Kehrvers: In deine Hand lege ich voll Vertrauen
            meinen Geist.

Du wirst mich befreien aus dem Netz,
das sie mir heimlich legten;
denn du bist meine Zuflucht.
In deine Hand lege ich voll Vertrauen
meinen Geist;
du hast mich erlöst, Herr, du Gott der Treue.

Psalm 31,1-6 (E)

Vaterunser
Vater unser im Himmel,
geheiligt werde dein Name.
Dein Reich komme.
Dein Wille geschehe
wie im Himmel so auf Erden.
Unser tägliches Brot gib uns heute.

Andacht am Sterbebett (III)

Und vergib uns unsere Schuld,
wie auch wir vergeben unsern Schuldigern.
Und führe uns nicht in Versuchung,
sondern erlöse uns von dem Bösen.
Denn dein ist das Reich und die Kraft
und die Herrlichkeit in Ewigkeit.
Amen.

Segen
Der Segen des allmächtigen und liebevollen Gottes,
des Vaters und des Sohnes und des Heiligen Geistes,
komme auf uns herab und bleibe allezeit bei uns.
Amen.

Vorbereitungen zur Andacht
am Bett eines soeben verstorbenen Menschen

Wenn Sie einen Menschen bis zu seinem Ende begleitet haben, holen Sie die Angehörigen, wenn sie da sind, die Pflegerinnen und Pfleger dazu. Sie bringen mit ihnen zusammen das Bett und das Zimmer in Ordnung, ziehen die Bettdecke zurecht, schließen der oder dem Verstorbenen die Augenlider und legen die Hände auf der Bettdecke übereinander.

Dann öffnen Sie für kurze Zeit das Fenster, zünden eine Kerze an und sammeln sich zu einer kurzen Andacht in Stille und Würde vor dem Bett. Alles andere kann so lange warten.

Andacht beim Verstorbenen (I)

Eingang
Im Namen Gottes, des Vaters
und des Sohnes
und des Heiligen Geistes.
Amen. +++

Bibelwort
Leben wir, so leben wir dem Herrn;
sterben wir, so sterben wir dem Herrn.
Darum: wir leben oder sterben,
so sind wir des Herrn.   *Römer 14,8-9 (L)*

Gebet
Herr,
unsere Schwester …/unser Bruder … ist gestorben.
Wir sind noch ganz erfüllt von dem Gefühl
der Gemeinschaft mit ihr/ihm.
Der Abschied ist uns schwergefallen.
Unsere Gedanken sind noch ganz gefangen.
Wir danken dir für alles,
was du uns durch sie/ihn gegeben und getan hast.
Wir danken dir,
dass du uns in diesem Augenblick

nicht ohne Hoffnung an ihrem/seinem Sterbebett
stehen lässt.
Du bist stärker als der Tod.
Du liebst uns Menschen und hast eine Zukunft
für uns verborgen.
Herr, wir danken dir, dass sie/er Ruhe gefunden hat.
Wir legen sie/ihn in deine Hand.
Schenke du uns, die wir zurückbleiben,
in dieser Stunde Mut zum Leben, Luft zum Atmen.
Amen.

Psalm
Ein Mensch ist in seinem Leben wie Gras,
er blüht wie eine Blume auf dem Felde;
wenn der Wind darüber geht,
so ist sie nimmer da,
und ihre Stätte kennet sie nicht mehr.
Die Gnade aber des Herrn
währt von Ewigkeit zu Ewigkeit
über denen, die ihn fürchten.   *Psalm 103,15-17 (L)*

Wort an den verstorbenen Menschen
Es segne dich Gott, der Vater,
der dich nach seinem Ebenbild geschaffen hat.
Es segne dich Gott, der Sohn,

der dich durch sein Leiden und Sterben erlöst hat.
Es segne dich Gott, der Heilige Geist,
der dich zum Leben gerufen und geheiligt hat.
Gott, der Vater und der Sohn und der Heilige Geist,
geleite dich durch das Dunkel des Todes.
Er sei dir gnädig im Gericht
und gebe dir Frieden und ewiges Leben.

Stille und Gelegenheit zum Austausch untereinander

Liedvers
(gesprochen oder gesungen)

Breit aus die Flü - gel bei - de, o
Je - su, mei - ne Freu - de, und nimm dein Küch - lein
ein. Will Sa - tan mich ver - schlin - gen, so lass dein
Eng - lein sin - gen: »Dies Kind soll un - ver - let - zet sein.«

109

Breit aus die Flügel beide,
o Jesu, meine Freude,
und nimm dein Küchlein ein.
Will Satan mich verschlingen,
so lass die Englein singen:
»Dies Kind soll unverletzet sein.« *EG 477,8*

Vaterunser
Vater unser im Himmel,
geheiligt werde dein Name.
Dein Reich komme.
Dein Wille geschehe
wie im Himmel so auf Erden.
Unser tägliches Brot gib uns heute.
Und vergib uns unsere Schuld,
wie auch wir vergeben unsern Schuldigern.
Und führe uns nicht in Versuchung,
sondern erlöse uns von dem Bösen.
Denn dein ist das Reich und die Kraft
und die Herrlichkeit in Ewigkeit.
Amen.

Segen
Es segne und behüte uns Gott,
der Allmächtige und Barmherzige.
Vater, Sohn und Heiliger Geist.
Amen.

Andacht beim Verstorbenen (II)

Eingang
Im Namen des Vaters
und des Sohnes
und des Heiligen Geistes.
Amen. +++

Bibelwort
Selig sind die Toten,
die in dem Herrn sterben von nun an.
Ja, der Geist spricht,
dass sie ruhen von ihren Mühen;
denn ihre Werke folgen ihnen nach.

Offenbarung 14,13 (L)

Gebet
Herr, erbarme dich!
Christus, erbarme dich!
Herr, erbarme dich!

Heiliger und gerechter Gott,
wir beugen uns vor dir an diesem Sterbebett.
Wir danken dir für alles,
was du an der/dem Entschlafenen getan hast,
und für alles,

was sie/er uns durch deine Gnade gewesen ist.
Wie befehlen dir ihre/seine Seele
zum ewigen Leben.
Was immer sie/er aus menschlicher Schwachheit
in der Zeit ihres/seines Lebens gefehlt hat,
das wollest du austilgen
nach deiner großen Barmherzigkeit
durch Jesus Christus, unsern Heiland.
Erbarme dich ihrer/seiner
und tue an ihr/ihm nach deiner Verheißung.

Ach, Herr, himmlischer Vater,
tröste und stärke uns und alle,
die durch diesen Tod betrübt werden,
und führe uns endlich mit allen,
die selig vollendet sind,
zu dir in dein himmlisches Reich. Amen.

Psalm
Herr, auf dich traue ich,
lass mich nimmermehr zuschanden werden,
errette mich durch deine Gerechtigkeit!
In deine Hände befehle ich meinen Geist;
du hast mich erlöst, Herr, du treuer Gott.
Amen.   *Aus Psalm 31 (L)*

Wort an den verstorbenen Menschen
Gott erbarme sich deiner.
Er sei dir gnädig
und nehme dich auf in sein Reich.

Stille und Gelegenheit zum Austausch untereinander

Liedvers
(gesprochen oder gesungen)
Wir sind nur Gast auf Erden
und wandern ohne Ruh
mit mancherlei Beschwerden
der ewigen Heimat zu.   *GL 656,1*

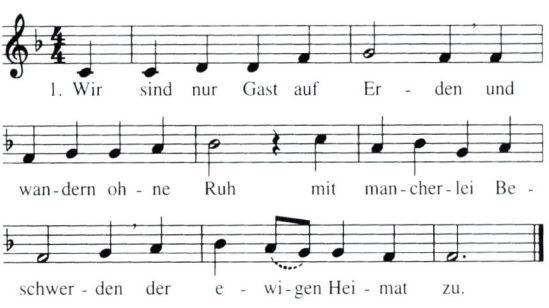

1. Wir sind nur Gast auf Er - den und
wan - dern oh - ne Ruh mit man - cher - lei Be -
schwer - den der e - wi - gen Hei - mat zu.

ANDACHT BEIM VERSTORBENEN (II)

Vaterunser
Vater unser im Himmel,
geheiligt werde dein Name.
Dein Reich komme.
Dein Wille geschehe
wie im Himmel so auf Erden.
Unser tägliches Brot gib uns heute.
Und vergib uns unsere Schuld,
wie auch wir vergeben unsern Schuldigern.
Und führe uns nicht in Versuchung,
sondern erlöse uns von dem Bösen.
Denn dein ist das Reich und die Kraft
und die Herrlichkeit in Ewigkeit.
Amen.

Segen
Es segne und behüte uns Gott,
der Allmächtige und Barmherzige.
Vater, Sohn und Heiliger Geist.
Amen.

Andacht beim Verstorbenen (III)

Eingang
Im Namen des Vaters
und des Sohnes
und des Heiligen Geistes.
Amen. +++

Einführung und Gebet
Wir sind zusammengekommen,
um Abschied zu nehmen.
Wir wissen:
Jetzt bleibt jedes versäumte Wort ungesagt.
Noch begreifen wir nicht,
dass dieser Mensch das Leben nicht mehr mit uns
teilen wird.
Im Schmerz und in der Unfassbarkeit des Abschieds
richten wir uns auf Gott hin aus und bitten ihn:

Guter Gott,
du hast uns eine gemeinsame Lebenszeit
mit … gegeben.
Wir danken dir für die tröstlichen Worte,
die liebevollen Gesten,
die wir einander geschenkt haben.

Alles, was wir unterlassen und verweigert haben,
übergeben wir heute deinem Erbarmen.
Was wir heute nicht begreifen,
überlassen wir deinem Verstehen.
Sieh auf unsere Trauer
und stärke unseren Glauben,
dass sich unter deinen Augen unser Schmerz
verwandeln wird.
Amen.

Bibelwort
Denn Stückwerk ist unser Erkennen,
Stückwerk unser prophetisches Reden;
wenn aber das Vollendete kommt,
vergeht alles Stückwerk.
Als ich ein Kind war,
redete ich wie ein Kind,
dachte wie ein Kind
und urteilte wie ein Kind.
Als ich ein Mann wurde,
legte ich ab, was Kind an mir war.
Jetzt schauen wir in einen Spiegel
und sehen nur rätselhafte Umrisse,
dann aber schauen wir von Angesicht zu Angesicht.
Jetzt ist mein Erkennen Stückwerk,

dann aber werde ich durch und durch erkennen,
so wie ich auch durch und durch erkannt
worden bin.
Für jetzt bleiben Glaube, Hoffnung, Liebe,
diese drei; doch am größten unter ihnen ist
die Liebe.   *1. Korinther 13,9-13 (E)*

Psalm
(Der Kehrvers kann von allen Anwesenden mitgebetet werden.)

Kehrvers: Was betrübst du dich, meine Seele,
               und bist so unruhig in mir?

Was betrübst du dich, meine Seele,
und bist so unruhig in mir?
Harre auf Gott; denn ich werde ihm noch danken,
dass er mir hilft mit seinem Angesicht.

Kehrvers: Was betrübst du dich, meine Seele,
               und bist so unruhig in mir?

Mein Gott, betrübt ist meine Seele in mir,
darum gedenke ich an dich im Lande am Jordan
und Hermon, vom Berge Misar.
Deine Fluten rauschen daher,
und eine Tiefe ruft die andere;

alle deine Wasserwogen und Wellen gehen
über mich.

Kehrvers: Was betrübst du dich, meine Seele,
     und bist so unruhig in mir?

Am Tage sendet der Herr seine Güte,
und des Nachts singe ich ihm
und bete zu dem Gott meines Lebens.
Ich sage zu Gott, meinem Fels:
»Warum hast du mich vergessen?
Warum muss ich so traurig gehen,
wenn mein Feind mich drängt?«
Es ist wie Mord in meinen Gebeinen,
wenn mich meine Feinde schmähen
und täglich zu mir sagen: »Wo ist nun dein Gott?«

Kehrvers: Was betrübst du dich, meine Seele,
     und bist so unruhig in mir?

Was betrübst du dich, meine Seele,
und bist so unruhig in mir?
Harre auf Gott; denn ich werde ihm noch danken,
dass er meines Angesichts Hilfe und mein Gott ist.

Psalm 42,6-12 (L)

Segen
Der Segen des allmächtigen und liebevollen Gottes,
des Vaters und des Sohnes und des Heiligen Geistes,
komme auf uns herab und bleibe allezeit bei uns.
Amen.

Ich nehme Abschied –
Meditation
zum Abschluss einer Sitzwache

Gott wird alle Tränen von ihren Augen abwischen:
Der Tod wird nicht mehr sein,
keine Trauer, keine Klage, keine Mühsal.
Denn was früher war, ist vergangen.

Offenbarung 21,4 (E)

Nun ist meine Aufgabe erfüllt. Ich bleibe noch im Zimmer sitzen und nehme mir Zeit für meinen Abschied. Dieser Mensch, mit dem ich die letzten Stunden verbracht habe, ist seinen Weg zu Ende gegangen. Ich habe die Nähe zu ihm gewagt und ihn Schritt für Schritt losgelassen.

Jetzt bin ich müde und erschöpft wie nach einer schweren Arbeit. Dabei habe ich doch »nur« auf dem Stuhl neben dem Bett gesessen. Ich habe nicht viel gesprochen und wenig »gemacht«. Mit allen Sinnen und gesammelter Kraft und Aufmerksamkeit habe ich versucht, diesem Menschen nahe zu sein, mich in ihn einzufühlen. Anfangs war mir manches fremd –

Ich nehme Abschied

aber dann entstand dieses Gefühl von Verbundenheit und Vertrautheit, einfach die Nähe von Mensch zu Mensch.

Manchmal stieg ein Gebet oder ein Liedvers in mir auf, den ich leise für mich oder auch einmal laut gesprochen oder gesungen habe. Es gab Momente, in denen ich tiefen Frieden spürte. Dazwischen gab es auch Unruhe und die Frage: Werde ich dem gerecht, was dieser Mensch jetzt von mir braucht? Ich bin beschenkt worden durch einen klaren Blick, ein Lächeln, einen Händedruck. Dann wusste ich: Es ist gut. So lege ich nun diese Zeit in Gottes Hand zurück und vertraue darauf, dass dieser Mensch bei ihm Geborgenheit und letzten Frieden findet.

Ich bete:
Ich aber, Herr, hoffe auf dich
und spreche: »Du bist mein Gott.
Meine Zeit steht in deinen Händen.«

Psalm 31,15 (L)

Zur Begleitung Trauernder

Meine Seele will sich nicht trösten lassen.
Ich denke an Gott – und bin betrübt;
ich sinne nach – und mein Geist verzagt.
Meine Augen hältst du, dass sie wachen müssen;
ich bin so voll Unruhe, dass ich nicht reden kann.
Ich gedenke der uralten Zeiten, der längst
vergangenen Jahre.

Aus Psalm 77,3-6 (L)

Trauernde zu begleiten erfordert höchstes Einfühlungsvermögen. Es ist wichtig, zu wissen, dass es ein langer Prozess mit vielen Schritten ist. Im Grunde sucht und findet die Seele des trauernden Menschen ihren eigenen Weg. Unterstützend können wir dabei hilfreich sein, wenn wir alles zulassen können, auch wenn uns selbst manche Verhaltensweisen befremden mögen. Der Trauernde braucht bei seinem Weg unsere liebevolle Zuwendung ebenso wie unsere respektvolle Distanz.

Der Segen der Trauernden

Gesegnet seien alle,
die mir jetzt nicht ausweichen.
Dankbar bin ich für jeden,
der mir einmal zulächelt
und mir seine Hand reicht,
wenn ich mich verlassen fühle.

Gesegnet seien die,
die mich immer noch besuchen,
obwohl sie Angst haben,
etwas Falsches zu sagen.

Gesegnet seien alle,
die mir erlauben,
von dem Verstorbenen zu sprechen.
Ich möchte meine Erinnerungen
nicht totschweigen.
Ich suche Menschen,
denen ich mitteilen kann,
was mich bewegt.

Gesegnet seien alle,
die mir zuhören,

auch wenn das,
was ich zu sagen habe,
sehr schwer zu ertragen ist.

Gesegnet seien alle,
die mich trösten
und mir zusichern,
dass Gott mich nicht verlassen hat.

Oh Herr, berge Du uns alle
in Deiner Hand;
nimm Du Dich unser an.
Bei Dir bleiben wir
im Leben wie im Tod!   *Marie-Luise Wölfing*

Quellennachweis

S. 11 – *Wenn es so weit sein wird mit mir,* Text: Friedrich Karl Barth, Peter Horst, Musik: Peter Janssens. Aus: Uns allen blüht der Tod, 1979. Alle Rechte im Peter Janssens Musik Verlag, Telgte-Westfalen.

S. 61 – Text von Carl Zuckmayer, aus: Der Rattenfänger. © S. Fischer Verlag GmbH, Frankfurt am Main 1975.

S. 61 – Text eines Unbekannten, aus: Markus Hartenstein (Hg): Ich habe deine Tränen gesehen, S. 34, © 1992 Calwer Verlag Stuttgart.

S. 62 – Jörg Zink, "Das Zeitliche segnen", aus: Ders., Ich werde gerne alt. © KREUZ Verlag in der Verlag Herder GmbH, Freiburg im Breisgau, 9. Auflage 2010, S. 39.

S. 63 – *Von guten Mächten wunderbar geborgen* aus: Dietrich Bonhoeffer : Widerstand und Ergebung. Christian-Kaiser-Verlag / Gütersloher Verlagshaus, Gütersloh.

S. 77 – *Gott wohnt in einem Lichte,* Jochen Klepper: Geburtstagslied. Aus: Ders., Kyrie – Geistliche Lieder © Luther-Verlag Bielefeld, 22. Auflage 2007

S. 82 – *Allmächtiger Gott* © Bernward Mediengesellschaft mbH, Hildesheim (Nr. 12,2, Gotteslob 1975).

S. 82 – *Herr, ich bin alt,* aus: Rudolf Fischer-Wollpert (Hg), Gebet der Familie © 1970 Butzon & Bercker GmbH, Kevelaer, www.bube.de.

S. 83 – *Herr, wann du willst* von Rupert Mayer, © St. Josefsstift, Trier.

S. 85 – *„Es segne dich Gott, der Vater…",* aus: Lass uns gemeinsam gehen, hrsg. von der Westfälischen

Diakonissenanstalt Sarepta © KREUZ Verlag, Stuttgart, 1980, S. 263.

S. 86 – *Christus, bewahre mich…,* aus: Wolfgang Poeplau, Wir träumen die Lieder, Peter Hammer Verlag, Wuppertal 1987.

S. 86 – Segenstext © Sabine Naegeli, St. Gallen.

S. 87 – Segenstext © Sabine Naegeli, St. Gallen.

S. 93 – *Herr, ich weiß, dass du mich liebst* (Nr. 12,1, Gotteslob 1975) © Erzbischöfliches Ordinariat, Bamberg.

S. 114 – *Wir sind nur Gast auf Erden,* Musik: Adolf Lohmann, Text: Georg Thurmair © Herder Verlag, Freiburg i. Br.

S. 125 – *Der Segen der Trauernden* © Marie-Luise Wölfing

Diese Sammlung von Bibelworten, Andachten, Liedern und Gebeten richtet sich an alle, die Schwerkranke und Sterbende auf ihrem letzten Weg begleiten wollen.

Sie ist in ökumenischer Zusammenarbeit entstanden und bietet neben ausgewählten Vorlesetexten auch wertvolle Ratschläge zur Sterbebegleitung.

Mit einfühlsamen Meditationsbildern von Irmhild Reinker-Schlüter.